Terminus Auschwitz

Eddy de Wind

Terminus Auschwitz

Journal d'un survivant

Traduit du néerlandais
par Marie Hooghe

Michel Lafon

Titre original :
Endstation Auschwitz

Ce livre a été publié avec le soutien financier
de la ondation néerlandaise pour la littérature.

Nederlands
letterenfonds
dutch foundation
for literature

118, avenue Achille-Peretti – CS 70024
92521 Neuilly-sur-Seine Cedex
www.michel-lafon.com

À propos de l'auteur

C'est en 1942 qu'Eliazar (Eddy) de Wind, un jeune médecin juif, se porte volontaire pour travailler à Westerbork, un camp de détention situé au nord-est des Pays-Bas. Le conseil juif, qui sert d'intermédiaire entre les Juifs néerlandais et l'occupant nazi, lui a promis qu'ainsi sa mère, qui y est prisonnière, ne serait pas envoyée dans un autre camp. Mais à son arrivée, il apprend qu'elle a déjà été déportée à Auschwitz.

À Westerbork, il rencontre Friedel, une jeune infirmière, juive elle aussi. Ils tombent amoureux et se marient dans le camp. En septembre 1943, ils sont déportés à Auschwitz où ils sont aussitôt séparés : Eddy est affecté au baraquement 9, Friedel, au 10, celui-là même où le Dr Mengele mène ses expériences médicales. Avec l'avancée des Russes à l'automne 1944, les nazis décident d'effacer les traces de leurs crimes : les prisonniers, parmi lesquels Friedel, sont contraints de traverser l'Allemagne à pied lors des tristement célèbres « marches de la mort ». Eddy se cache et reste à Auschwitz où il trouve un cahier dans lequel il commence à écrire tout ce qu'il a vécu.

C'est son témoignage que vous tenez entre les mains.

À quelle distance se trouvent ces montagnes bleues aux contours vagues ? Sur combien de kilomètres s'étire la plaine dans la lumière resplendissante du printemps ? Elles sont à une journée pour qui peut marcher librement. Une heure à cheval, au trot rapide. Pour nous, elles sont plus loin, beaucoup plus loin, infiniment loin. Ces montagnes ne sont pas de ce monde, pas de notre monde. Car entre elles et nous il y a le fil.

Notre rêve de liberté, le battement affolé de nos cœurs, le sang qui afflue à nos têtes, tout cela ne sert à rien. Entre la plaine et nous, il y a le fil, ou plutôt deux fils au-dessus desquels brûlent de petites lampes rouges, présages de la mort qui nous guette, nous tous qui sommes prisonniers de ce carré délimité par ces fils à haute tension et un mur haut et blanc.

Toujours cette même image, toujours cette même impression. Le souffle court d'angoisse et d'impuissance, nous nous tenons aux fenêtres de nos baraquements, à contempler le lointain qui nous appelle.

Seuls dix mètres nous séparent, Friedel et moi. Je me penche par la fenêtre pour mieux contempler l'inaccessible liberté. Elle n'en a même pas le droit, elle est encore plus prisonnière que moi. Je suis autorisé à me déplacer librement dans le camp, pas elle.

J'ai été affecté au *Block**[1] 9, une simple baraque réservée aux malades. Friedel est au Block 10. Là-bas aussi il y a des malades, mais pas comme dans ma baraque. Ici, il y a des gens que les mauvais traitements, la faim et le travail harassant ont rendus malades. Des causes naturelles ont entraîné des pathologies naturelles, diagnosticables.

Le Block 10 est celui des expériences. Là vivent des femmes que des sadiques se disant professeurs de médecine ont mutilées comme jamais une femme ne l'a été dans ce qu'elle a de plus beau : sa féminité, sa capacité à devenir mère.

Elle souffre, celle qui endure les agressions furieuses d'une brute incapable de se contrôler, mais ce qu'elle subit procède de la vie même, de la pulsion vitale. Au Block 10, ce n'est pas l'explosion d'un désir qui pousse à l'acte sexuel mais la réalisation d'un fantasme politique, un intérêt financier.

---

1. Les termes propres au jargon des camps sont dans la mesure du possible traduits ou expliqués dans le corps du texte. Nous renvoyons les lecteurs soucieux d'en savoir plus au glossaire en fin de volume ; l'appel se fait à la première occurrence par une étoile [*] (et le mot est en italique s'il est allemand). (Note de l'éditeur.)

Nous avons toutes ces horreurs en tête quand nous contemplons la plaine de Pologne méridionale en rêvant de courir à travers les prés et les marais qui nous séparent des Beskides bleues à l'horizon. Mais nous savons plus que ça. Nous savons que pour nous, il n'y a qu'une issue, qu'un moyen d'échapper à cet enfer barbelé : la mort.

Et nous savons aussi qu'ici la mort peut prendre divers visages.

Elle peut se présenter en guerrier honnête contre lequel le médecin peut se battre. Malgré ses impitoyables complices – la faim, le froid et la vermine –, elle reste à classer officiellement dans la rubrique « mort naturelle ».

Mais ce n'est pas avec ce visage qu'elle se montrera à nous. Elle viendra à nous comme à ces millions d'autres qui nous ont précédés ici. Elle viendra à nous insidieusement, enroulée dans la *Tarnkappe** qui la soustrait à nos yeux, presque inodore. Cette mort porte l'uniforme du SS assis à côté du robinet de gaz.

C'est pourquoi nous ressentons un tel élan quand nous contemplons les montagnes bleues aux contours vagues qui ne sont qu'à trente-cinq kilomètres mais restent pour nous à jamais inatteignables.

C'est pourquoi je me penche si loin par la fenêtre vers le Block 10 où Friedel se trouve.

C'est pourquoi ses mains s'agrippent si fort au grillage qui ferme les fenêtres.

L'herbe fraîche, les bourgeons bruns des châtaigniers prêts à éclore et le soleil de printemps plus resplendissant chaque jour semblaient promettre une vie nouvelle. Mais sur la terre s'étendait le froid de la mort. Nous étions au printemps 1943.

Les armées allemandes s'étaient enfoncées en Russie, mais leur chance n'avait pas encore tourné.

À l'Ouest, les Alliés n'avaient pas encore mis le pied sur le continent.

La terreur qui régnait en Europe se faisait chaque jour plus violente.

Les Juifs étaient devenus les jouets des envahisseurs, des souris traquées par des chats dont les pattes bottées de cuir battaient chaque nuit les pavés d'Amsterdam et qui faisaient vrombir leurs motos à travers les rues, crachant leurs ordres aux abords des canaux jadis si paisibles.

Souvent, à Westerbork[1], ils desserraient un peu la vis, autorisant les prisonniers à se déplacer librement

1. Camp de regroupement et de transit situé aux Pays-Bas. (Note de l'éditeur.)

dans le camp, à recevoir des colis ou à rester en famille. Chacun écrivait alors sagement dans sa lettre « je vais bien » et l'envoyait à Amsterdam, ce qui en convainquait d'autres là-bas de se rendre sans résistance à la *Grüne Polizei*[1].

À Westerbork, les Juifs se persuadaient que tout finirait peut-être par s'arranger, que certes ils étaient aujourd'hui bannis de la communauté nationale mais que cette exclusion était passagère.

« Quand la guerre sera finie / Et que nous rentrerons chez nous », disaient les premiers vers d'une chanson populaire.

Non seulement ils ne savaient pas ce qui les attendait, mais certains avaient même le cran – ou était-ce de l'aveuglement ? – de commencer une vie nouvelle, de fonder une famille. Chaque jour, le Dr Molhuijsen venait au camp pour marier des prisonniers au nom du maire du village. C'est ainsi que par une matinée splendide – une des rares belles journées d'avril –, Hans et Friedel se présentèrent devant lui.

C'étaient deux idéalistes. À vingt-sept ans, lui était un des médecins réputés du camp. Elle n'avait que dix-huit ans. Ils s'étaient connus à l'infirmerie dont il avait la charge et où elle aidait aux soins.

1. *Grüne Polizei* : la police allemande du Troisième Reich, chargée du maintien de l'ordre public (*Ordnungspolizei*) ; ses membres portant un uniforme vert, elle est connue sous le surnom de « Police verte ». (Note de l'éditeur.)

« Car seuls nous ne sommes rien / Mais ensemble nous sommes un », lui avait-il écrit – des vers qui résumaient exactement leurs sentiments. À deux, ils s'en sortiraient. Ils réussiraient peut-être à rester à Westerbork jusqu'au terme de la guerre. Sinon, ils iraient se battre en Pologne. Car la guerre finirait un jour et personne ne croyait à une victoire allemande.

C'est ainsi qu'ils vécurent six mois ensemble. Ils habitaient la « chambre du médecin », petite comme une boîte d'allumettes, séparée par une simple cloison de la grande baraque où vivaient cent trente femmes. Et ils n'y habitaient pas seuls, mais avec un autre médecin. Plus tard, ils y furent rejoints encore par deux autres couples. Que ce lieu soit peu propice aux premiers instants d'une vie conjugale aurait été sans importance s'il n'y avait eu les convois : mille personnes devaient quitter le camp chaque mardi matin.

Hommes, femmes, jeunes et vieux, y compris les bébés et même les malades. Seul un très petit nombre de détenus étaient autorisés à rester. Ceux dont Hans ou un autre médecin parvenait à prouver qu'ils étaient trop faibles pour passer trois jours dans un train. Et il y avait les privilégiés : les baptisés, les couples mixtes, les *Alte Kamp-Insassen**, ces détenus de longue date qui étaient au camp depuis 1938, et les membres du personnel, comme Hans et Friedel.

La liste comprenait mille noms, mais chaque fois que des gens devaient être protégés, parfois sur ordre des Allemands, ou parce qu'ils avaient été des citoyens méritants, ou encore, le plus souvent, parce qu'ils étaient de vieilles relations de ces messieurs du *Judenrat*[1] ou d'anciens détenus du camp, installés à des postes-clés, il fallait la corriger.

C'est ainsi que dans la nuit du lundi 13 septembre 1943, un membre du Conseil juif vint dire à Hans et Friedel de se préparer pour le convoi. Hans s'habilla en vitesse et fit le tour de tous les services qui travaillaient la nuit sous pression pour organiser le convoi hebdomadaire. Le Dr Spanier, le chef de l'hôpital, était furieux. Hans était au camp depuis un an. Il avait travaillé dur. Beaucoup, arrivés bien après lui, s'étaient contenté de se tourner les pouces. Mais Hans figurait sur la liste et si le Conseil juif se révélait incapable de le défendre, le service de santé n'y pouvait rien.

Aussi, à huit heures, Hans et Friedel se tenaient avec tous leurs effets à côté du train arrêté directement dans le camp. Au milieu d'une grande agitation. Les hommes du service d'ordre et de la colonne volante portèrent les bagages dans le train et deux wagons furent chargés de vivres pour la route. Les infirmiers de l'hôpital arrivèrent cahin-caha avec les patients : pour la plupart des petits vieux incapables de marcher mais qui devaient partir car il n'y avait aucun espoir que

1. *Judenrat* : Conseil Juif ; corps administratif composé des leaders des communautés juives qui ont servi d'intermédiaires entre les autorités nazies et la population juive. (Note de l'éditeur.)

leur santé s'améliore. Ceux qui restaient se tenaient derrière le cordon du service d'ordre, à quelques dizaines de mètres du train, et pleuraient souvent plus que ceux qui partaient. À l'avant et à l'arrière du train se trouvait un wagon de SS chargés de la surveillance. Ils étaient très attentionnés, réconfortant même les gens car il ne fallait surtout pas que les Hollandais apprennent comment « leurs » Juifs étaient réellement traités.

À dix heures et demie, le départ. Les portes des wagons de marchandises furent verrouillées de l'extérieur. Un dernier adieu, un dernier signe à travers les ouvertures en haut des wagons, et le convoi s'ébranla en direction de la Pologne. Destination inconnue.

Hans et Friedel étaient bien tombés. Dans leur wagon, il n'y avait que des jeunes. D'anciens amis de Friedel, du groupe de sionistes dont elle avait fait partie. De bons camarades, des gens conciliants. Trente-huit personnes dans un wagon : c'était relativement peu et, moyennant quelques ajustements, comme accrocher les bagages au plafond, ils se trouvèrent tous une petite place au sol.

Pendant le trajet, la *dolce vita* commença. Au premier arrêt, les SS montèrent dans les wagons. Ils réclamèrent les cigarettes et les montres. Ensuite, les stylos et les bijoux. Les garçons blaguaient, ils leur donnèrent quelques poignées de cigarettes, prétendant n'en avoir pas plus. Beaucoup étant d'origine allemande, ils avaient déjà souvent eu affaire aux SS et en étaient sortis vivants. Ce n'était pas maintenant qu'ils allaient se laisser marcher sur la tête.

Pendant ces trois jours, les prisonniers ne reçurent rien à manger : aucune trace des provisions embarquées dans le train. Mais c'était sans importance ! Il leur en restait assez de Westerbork. De temps à autre, deux d'entre eux étaient autorisés à quitter le wagon pour aller vider le seau de toilette, plein à ras bord. Ils se réjouissaient quand ils découvraient dans les villes des traces de bombardements et à part cela, le voyage se passa sans encombre. Le troisième jour, on leur révéla le but de leur périple : Auschwitz. Un nom sans signification particulière, ni bonne ni mauvaise.

La nuit, ils arrivèrent donc au lieu-dit d'Auschwitz.

Le train resta longtemps à l'arrêt, si longtemps qu'ils finirent par s'impatienter, espérant que la situation s'éclaircirait et qu'ils verraient enfin Auschwitz.

Ils devaient obtenir bientôt satisfaction.

Au petit matin, le train s'ébranla une dernière fois pour s'arrêter à nouveau quelques minutes plus tard le long d'une rampe, au milieu d'une plaine. Sur la rampe se tenaient des groupes de dix à douze hommes. Ils étaient vêtus d'uniformes rayés blanc et bleu et de calots assortis. De nombreux SS allaient et venaient, dans une frénésie surprenante.

Dès que le train fut à l'arrêt, les pantins dans leur tenue de mascarade se précipitèrent vers les wagons et ouvrirent les portes. « Les bagages dehors, tout le monde sur le quai. » Comprenant que cette fois ils allaient tout perdre, ils eurent très peur. Ils cachèrent vite encore ce qu'ils purent dans leurs vêtements, tentant de sauver l'essentiel. Mais les pantins avaient déjà sauté dans les wagons et commençaient à en extraire bagages et occupants. Eux se tenaient là, dehors, ne sachant que faire. Mais leur perplexité ne dura pas. De toutes parts, des SS leur tombaient dessus et les poussaient vers un sentier qui courait le long du train. Ceux qui ne marchaient pas assez vite recevaient coups de pied ou de bâton. Aussi, chacun veilla à se placer le plus rapidement possible dans les longues files qui se formaient.

C'est alors qu'Hans comprit qu'ils ne resteraient pas ensemble : hommes et femmes étaient séparés. Il embrassa Friedel à la hâte : « Au revoir », et ce fut fini. Face aux files se tenait un officier, un bâton à la main. Lentement, ils avancèrent. L'officier jetait à chacun un regard sommaire puis indiquait de son bâton : « à gauche, à droite ». À gauche allaient tous les vieillards, les invalides et les enfants de moins de dix-huit ans. À droite, les plus jeunes et les plus robustes.

Quand Hans arriva devant l'officier, il avait la tête ailleurs. Il n'avait d'yeux que pour Friedel qui se tenait dans sa file à quelques mètres de lui et attendait le tour des femmes. Elle lui souriait, comme pour dire : sois tranquille, ça s'arrangera. Il n'entendit pas l'officier – un médecin – lui demander son âge. Furieux qu'il ne lui réponde pas, le docteur lui donna un coup de bâton qui l'envoya valser vers la gauche.

Hans se tenait là parmi les malheureux et les vieillards. À ses côtés se trouvaient d'une part un aveugle et de l'autre un garçon à l'air demeuré. Hans se mordit les lèvres de peur. Il ne voulait pas partager le sort des enfants et des anciens. Il avait compris que seuls les plus forts avaient une chance de survivre. Mais il était impossible de passer d'une file à l'autre, car partout des SS montaient la garde, fusil en joue.

Friedel se retrouva avec les jeunes femmes. Les plus âgées et toutes celles qui avaient des enfants étaient regroupées dans une file à part. Ainsi se formèrent quatre files, une d'environ cent cinquante jeunes femmes et une autre d'autant de jeunes hommes ; les sept cents autres détenus se répartissant dans deux autres files, au bord du chemin.

Voilà que revenait le médecin-officier. Il interpella le groupe des vieux : y avait-il des médecins parmi eux ? Quatre hommes s'avancèrent. Le médecin se tourna vers Van der Kous, un généraliste d'Amsterdam : « Quel genre de maladies y avait-il dans le camp en Hollande ? »

Van der Kous hésita et parla de maladies oculaires. Le médecin, irrité, se détourna de lui.

Hans vit là sa chance : « Vous pensez probablement à des maladies contagieuses ; il y avait des cas sporadiques de scarlatine, de caractère bénin.

– Du typhus exanthématique ?

– Non, pas un seul cas.

– Bon, tout le monde retourne dans la file. » Puis, s'adressant à son adjudant : « Celui-là, nous le prenons. »

L'adjudant fit signe à Hans de l'accompagner à l'arrière de la file des plus jeunes. Hans sentit qu'il avait échappé à un grand danger. En effet, entre-temps, des camions étaient arrivés où les hommes et femmes âgés furent chargés.

C'est alors qu'il vit pour la première fois comment agissaient réellement les SS. Les gens furent poussés, malmenés, frappés. Beaucoup peinaient à se hisser dans les camions. Et ceux qui essayaient de les aider se faisaient chasser à coups de pied ou de bâton par les SS, pour les dissuader de traîner. Une vieille femme reçut un coup sur la tête et saigna abondamment.

Le dernier véhicule arriva, deux SS attrapèrent par les bras et les jambes un malheureux vieillard et le flanquèrent dedans. Après quoi, la file des femmes se mit en branle. Hans ne voyait plus Friedel, mais il savait qu'elle s'y trouvait. Lorsque les femmes eurent parcouru quelques centaines de mètres, les hommes leur emboîtèrent le pas.

Les files étaient sévèrement gardées. De part et d'autre marchaient des soldats, fusil en joue. On en comptait un tous les dix prisonniers. Hans, placé relativement à l'arrière de la file, vit les gardes à sa gauche et sa droite s'adresser un signe. Ils jetèrent un coup d'œil alentour et celui de gauche fonça sur Hans pour lui réclamer sa montre. C'était une belle montre avec un chronomètre. Il l'avait reçue de sa mère pour son diplôme de médecin.

« J'en ai besoin pour mon travail, je suis médecin. »

Le soldat ricana. « *Scheisse* (merde), toubib, tu es un chien ! Allez, donne cette montre ! » Il saisit Hans par le bras pour la lui arracher. Hans voulut se défendre. « Bon, tentative d'évasion », dit le soldat en épaulant son fusil.

Hans comprit son impuissance. Il n'avait pas envie d'être « abattu pour fuite » dès son arrivée à Auschwitz. Aussi donna-t-il sa montre.

En traversant la voie ferrée, il vit Friedel dans un tournant. Elle leva la main, et il soupira de soulagement. Après la voie ferrée, ils passèrent une barrière, avec de nouveaux gardiens. Ils semblaient être arrivés à l'intérieur même du camp. On voyait des entrepôts de matériaux de construction, des hangars et d'énormes tas de bois et de briques. Des petits trains à propulsion manuelle. Des chariots, tous tirés par des hommes. Çà et là, le long du chemin, se dressaient des bâtiments plus grands, des usines où résonnait le bourdonnement de moteurs. Et puis de nouveau du bois, des pierres et des hangars. Une grue hissait des bacs de ciment. Partout il y avait de la vie, partout on construisait. Mais au-delà des grues et des petits trains, on remarquait les hommes en costume de forçat. Ici, il n'y avait pas de motorisation, ici travaillaient des milliers, des dizaines de milliers de mains.

La vapeur est pratique et l'électricité, efficace pour parcourir des centaines de kilomètres, l'essence est rapide et puissante, mais les hommes sont meilleur marché. C'est ce qu'illustraient les yeux affamés, les torses nus où les côtes se dessinaient comme des cordes qui semblaient empêcher les corps de se déliter. C'est ce que montraient les longues files de ceux qui transportaient des pierres, se traînant sur leurs *Holzschuhen** ou pieds nus. Ils avançaient sans lever ni tourner la tête, le visage dénué d'expression. Aucune réaction non plus chez les nouveaux venus. De temps à autre passait un tracteur remorquant des chariots remplis de pierres. Son moteur vibrait lentement, comme tous les moteurs à huile. Hans se rappela les soirées passées sur l'eau, quand il était dans son bateau et que les cargos le doublaient lourdement.

Comme elle avait été belle la vie, alors ! Que n'avait-elle pas promis ! Il se reprit aussitôt. Ce n'était pas le moment de ruminer, mais de se battre. Qui sait, ces temps reviendraient peut-être.

Ils se tenaient devant un portail et voyaient le camp pour la première fois. C'étaient de grandes baraques en pierre ressemblant à des casernes. Il y en avait plus d'une vingtaine. Elles s'élevaient sur deux niveaux, avec un toit troué de petites lucarnes. Les allées entre les constructions étaient bien entretenues. Il y avait des trottoirs avec de belles dalles et des petites pelouses. Tout était propre, soigneusement peint, et brillait sous le soleil resplendissant de l'automne.

Ç'aurait pu être un village modèle, un camp de milliers d'ouvriers occupés à quelque grande œuvre d'utilité publique. Au-dessus du portail, en lettres de fonte se lisait le slogan du camp, suggestif mais trompeur : « ARBEIT MACHT FREI », qui devait apaiser ceux qui entraient par ici. Par ici ou par d'autres portails similaires, ailleurs en Allemagne.

Mais ce n'était qu'une illusion, car cette porte n'était autre que la porte de l'enfer, et il aurait été plus juste de lire « Qui entre abandonne ici toutes ses espérances » que « Le travail, c'est la liberté. »

Car autour du camp couraient les fils à haute tension. Deux rangées de mâts en béton, parfaitement chaulés, de trois mètres de haut. Sur des isolateurs, du fil barbelé. Le fil paraissait solide, difficilement franchissable. Mais le pire était ce que l'on ne voyait pas, les trois mille volts de tension ! Çà et là, une petite lampe rouge était allumée, indiquant qu'il y avait du courant. Et tous les dix mètres était accroché un panneau avec une tête de mort et l'ordre de s'arrêter inscrit en allemand et en polonais : *Halt, Stoj*. Aucune clôture n'est impénétrable si elle n'est partout à portée de tir. C'est pourquoi tous les cent mètres avaient été édifiées des tourelles, en haut desquelles se tenait un SS armé d'une mitrailleuse.

Non, il n'y avait pas d'issue ici, à moins d'un miracle. C'est aussi ce que disaient tous les prisonniers qu'ils rencontraient, car maintenant qu'ils se trouvaient de l'autre côté du fil, la surveillance s'était relâchée et les SS avaient transféré l'essentiel de leur pouvoir à des prisonniers. Des prisonniers, certes, mais habillés complètement différemment des milliers d'autres qui travaillaient là-bas à l'extérieur. Ils portaient des costumes en toile rayée plus clairs et qui étaient à leur taille. Ils étaient souvent presque élégants, avec leur bonnet noir et leurs bottes hautes. Au bras gauche, ils avaient un brassard rouge avec un numéro.

Ils étaient les *Blockältesten**, les chefs des différentes baraques, qui réglaient la vie de leur Block, administraient les prisonniers avec l'aide d'un secrétaire et distribuaient la nourriture. Ils n'étaient pas de ceux qui mangeaient le moins, comme en témoignaient leurs visages ronds et pleins. C'étaient tous des Polonais ou des *Reichsdeutschen*[1], des Allemands d'Allemagne.

Il y avait aussi quelques Hollandais parmi les prisonniers, mais les Blockältesten et les SS les tenaient à distance, car les nouveaux venus avaient encore sur eux toutes sortes d'objets de valeur. Certains réussirent cependant à les approcher. Ils cherchaient montres et cigarettes : « On vous les prendra bientôt de toute façon. » Mais la plupart des nouveaux arrivés ne les croyaient pas et gardaient tout dans leurs poches. Hans donna un paquet de cigarettes à un Hollandais, mais un SS s'en aperçut et le gifla.

1. À sa création en 1871, l'Allemagne s'appelait « l'Empire allemand ». Les *Reichsdeutschen* étaient donc les Allemands de l'Empire ; à distinguer des *Volksdeutschen*, terme nationaliste utilisé par les nazis pour désigner les descendants d'Allemands nés et vivant en dehors du Reich. (Note de l'éditeur.)

L'autre s'était déjà carapaté, il avait prévu le coup. Un homme de petite taille mais de carrure herculéenne, manifestement très respecté, les interpella : « Alors, les garçons, quand êtes-vous partis de Westerbork ?

– Il y a trois jours.

– Quelles sont les nouvelles ?

– Vous êtes au courant de cet atterrissage en Italie[1] ?

– Naturellement, nous lisons le journal. Comment c'est en Hollande ? »

Que répondre à ça ? Eux-mêmes auraient préféré en apprendre plus sur la vie à Auschwitz, ce que serait leur avenir. « Qui êtes-vous ? lui demanda quelqu'un.

– Leen Sanders, le boxeur. Je suis ici depuis un an. »

Un instant, les nouveaux furent rassurés. Il était donc possible de survivre ici. « Il y en a encore beaucoup ici, de votre convoi ? demanda Hans, incapable de réprimer ses doutes.

– Ne pose pas tant de questions, tu verras bien, répondit le boxeur. Écouter, voir et se taire.

– Mais vous, vous avez l'air en pleine forme. »

Leen sourit sagement : « C'est parce que je suis boxeur.

– Que devrons-nous faire ici ?

1. Allusion à l'opération commando réalisée par les Allemands le 12 septembre 1943 afin de libérer Mussolini, alors placé en résidence surveillée dans un hôtel des Abruzzes, après sa chute et son incarcération au mois de juillet de la même année. (Note de l'éditeur.)

– Vous serez incorporés dans les *Kommandos** qui travaillent à l'extérieur. »

Hans se souvint de ces gens qu'il avait vus, ces machines de production, qui marchaient en rangs, portant des pierres et du ciment, de leurs visages inexpressifs, leurs yeux morts et leurs corps décharnés.

« Que deviennent les personnes âgées qui sont montées dans les camions ?

– Tu n'as jamais écouté la radio anglaise ? demanda Leen.

– Si.

– Alors tu devrais tout savoir. »

À ce moment, Hans comprit tout. Il pensa à Friedel dont il avait perdu la file de vue. Il pensa à sa mère, à son frère, à tous ceux qu'il avait vus partir pour Auschwitz. Il pensa à ses études, à ses patients, ses idéaux. Puis de nouveau à Friedel et à leurs projets d'avenir. Les pensées de quelqu'un convaincu qu'il allait mourir.

Et pourtant, il avait comme un pressentiment. Il aurait peut-être de la chance. N'était-il pas médecin ? Non, il n'osait pas espérer. Pourtant, si, il le fallait. Il ne pouvait pas croire qu'il allait mourir ici, mais ne pouvait non plus croire en la vie.

Un ordre le ramena à lui : « *Aufgehen !* » (« En avant ! ») Ils prirent la *Lagerstrasse**, l'allée principale entre les grands baraquements. Il y avait beaucoup de monde qui circulait dans les allées. À l'entrée de certains baraquements, une plaque de verre était apposée au-dessus de la porte :

*Häftlingskrankenbau** (hôpital des détenus)

Interne Abteilung (département interne)

Eintritt verboten (défense d'entrer)

Devant l'entrée « interdite » de l'infirmerie des détenus étaient assis des hommes en costume blanc. Ils avaient belle allure. Le dos de leur veste était marqué d'un trait rouge, qu'on retrouvait sur les coutures de leur pantalon. Sûrement des médecins. Ils regardèrent à peine les nouveaux venus, mais Hans vit que leur manque d'intérêt avait une autre cause que celle des milliers de détenus, là-bas, à l'extérieur. La fatigue et un profond abattement interdisaient à ces esclaves du travail tout effort intellectuel. Mais chez ces gens qui portaient beau, c'était une sorte d'arrogance qui les rendait indifférents. N'étaient-ils pas les *Prominente**, les notables du camp ? Et qu'étaient-ils, eux, les nouveaux venus ? Eux que tout le monde pouvait injurier et railler.

Ils étaient arrivés au Block 26 appelé l'*Effektenkammer**. Leen leur expliqua ce que cela signifiait : c'est là qu'étaient entreposés les « effets » – vêtements et autres objets de valeur – de tous les *Häftlingen**. Par les fenêtres, on voyait en haut de la pièce de longues rangées de sacs en papier. Chacun contenant les possessions d'un détenu. S'il devait être libéré du camp, il les récupérerait.

Mais leurs affaires à eux ne seraient pas gardées ici. Les Juifs n'étaient jamais libérés. Ils n'avaient pas de procès en cours. N'ayant été condamnés à aucune peine, ils ne pouvaient non plus finir de la purger.

Effectivement, entre les Blocks 26 et 27, ils durent se déshabiller. À l'exception de leur ceinture de cuir et d'un mouchoir, qu'ils eurent le droit de garder, tous leurs vêtements et affaires furent chargés sur un chariot. Hans essaya de garder quelques-uns de ses meilleurs instruments de travail, mais il fut vite repéré. Un homme maigre avec un brassard *Lagerfriseur** au bras gauche contrôlait chaque détenu. Celui qui avait gardé quelque chose était forcé de le remettre et recevait une gifle en prime. Hans demanda la permission de conserver ses instruments. Le « coiffeur » ricana et fourra le tout dans sa poche.

Ils se tenaient donc là. Maintenant, ils avaient tout perdu. Le processus s'était déroulé lentement, mais était arrivé finalement à son terme. Schmidt, le délégué aux Affaires juives, n'avait-il pas dit un jour à Rauter, commissaire général de la Sécurité publique[1] : « Les Juifs retourneront au pays d'où ils viennent aussi nus qu'ils étaient quand ils sont arrivés. »

1. Hanns Albin Rauter : militaire autrichien qui occupa le poste de plus haut responsable de la SS et de la police dans les Pays-Bas occupés entre 1940 et 1945 ; en 1949, il fut condamné pour crimes contre l'humanité et fusillé par un peloton d'exécution. (Note de l'éditeur.)

Schmidt n'avait pas précisé quand ces Juifs étaient arrivés aux Pays-Bas – aux XVIe et XVIIe siècles – ni qu'ils n'étaient pas nus alors, mais souvent riches de véritables trésors qu'ils avaient emportés quand ils avaient dû partir, expulsés, de leurs pays. Il n'avait pas davantage parlé des droits historiques des Juifs néerlandais, qui leur avaient été octroyés à l'époque par un décret de Guillaume d'Orange[1].

Mais comment Schmidt aurait-il pu parler de l'œuvre d'un héros de la liberté ? On ne pouvait espérer ça de ces héros de l'oppression qui seraient morts sans une pensée pour leur patrie, en cherchant à sauver leur vie dans une fuite pitoyable.

Cette pensée consola un peu Hans. Pourtant, sa situation se présentait plutôt mal. Son destin était sombre, leur destin était scellé. Ils allaient certainement tous mourir et ce serait la seule victoire de ces héros de l'oppression : leur victoire sur les Juifs. Lentement mais sûrement, les Juifs néerlandais allaient à leur perte.

1940 : exclusion des Juifs de tous les postes dans la fonction publique.

1941 : interdiction d'exercer des professions libérales, interdiction d'utiliser les transports en

1. Guillaume Ier d'Orange-Nassau (1533-1584), dit Guillaume le Taciturne ; initiateur de la révolte des Pays-Bas espagnols contre le roi d'Espagne Philippe II, qui conduisit à l'indépendance des Pays-Bas du Nord ou Provinces-Unies ; il est considéré comme le « père de la patrie » et un « héros de la liberté ». (Note de l'éditeur.)

commun ; interdiction de tenir un commerce, de fréquenter les théâtres, les parcs, les installations sportives et tout ce qui rend la vie plus belle ; limitation des avoirs à 10 000 florins, puis à 250 florins.

1942 : début de la déportation, de l'interdiction de vivre.

Un processus lent, parce que les Néerlandais n'auraient pas supporté que « leurs » Juifs soient exterminés à une époque où, chez eux, la terreur n'en était pas encore arrivée à son paroxysme.

Ainsi, ils restèrent debout, nus comme des vers, sous le soleil brûlant qui consumait leur corps, pendant les heures que durèrent les différents rituels qui feraient d'eux des détenus.

Derrière un long banc se tenaient six coiffeurs qui leur rasèrent la tête et tous les poils du corps. Ils ne demandèrent pas si monsieur souhaitait du talc ou un massage. Ils étaient brutaux, contrariés d'avoir tant de travail en cet après-midi étouffant. Avec leurs lames émoussées, ils arrachaient les poils plus qu'ils ne les rasaient et bousculaient, parfois frappaient, ceux qui ne se tournaient ou contorsionnaient pas assez pour leur permettre d'atteindre toutes les parties de leur corps. Après en avoir terminé avec le Friseur, le détenu se voyait fourrer dans la main un billet avec un numéro et devait se rendre alors chez le tatoueur. Hans reçut le numéro 150 822.

Il ne put retenir un petit rire narquois quand le numéro lui fut tatoué sur le bras. Maintenant il n'était plus le Dr Van Dam, mais le Häftling 150 822. Bah, qu'il redevienne un jour le Dr Van Dam n'avait plus aucune importance.

Alors, cette idée de sombre destin lui revint, rebondissant dans sa tête comme un ballon, résonnant comme la voix d'un gramophone devenu fou, une voix qu'il ne contrôlait plus. Une bourrade dans le dos le tira de ses pensées.

Ils furent une cinquantaine à entrer dans l'Effektenkammer pour se laver. Il y avait une enfilade de douches côte à côte. Ils passaient à trois sous une douche dont sortait un filet d'eau tiède, trop froide pour décoller la sueur de l'été et la poussière et trop chaude pour se rafraîchir. Puis arriva un homme qui, avec de grands gants en caoutchouc, leur étala, sans douceur, du désinfectant puant sur les aisselles et le pubis.

Puis on vaporisa du Fly-Tox sur eux, et enfin ils furent « *rein* », pas vraiment « propres » au sens commun de ce mot, mais aseptisés. En effet, ils étaient encore à moitié mouillés, collants de sueur et de désinfectant. Leur peau les brûlait aux endroits écorchés par le rasage, mais au moins on était sûr qu'ils n'avaient ni poux ni puces.

Ce ne fut pas facile de se dégoter si vite quelque chose à sa taille dans les grands tas de vêtements. Le couloir de la *Bekleidungskammer**, l'autre nom du Block 27, était sombre pour qui arrivait de la lumière du jour, et on ne savait pas quoi prendre au juste. On se faisait pousser, écarter, engueuler et même frapper si on ne rassemblait pas assez vite quelques affaires. Une chemise, un pantalon et une veste de toile, un calot et une paire de galoches ou de sabots. Comme il était impossible dans cette précipitation de trouver la bonne taille, tous ressemblaient à des clowns dans leurs costumes de forçat.

L'un avait les jambes à moitié à l'air, l'autre marchait sur son pantalon. L'un portait une veste à laquelle manquait une manche, un autre devait retrousser les siennes. Mais ces vêtements avaient un point commun : ils étaient tous sales et rapiécés, des assemblages de morceaux de tissu à rayures bleues et blanches.

Maintenant habillés, ils se trouvaient à nouveau devant le baraquement. L'après-midi touchait déjà à son terme mais la chaleur de fin d'été pesait encore lourdement sur le camp. Ils avaient faim et soif, mais personne n'osait demander quoi que ce soit.

Ils attendirent une heure de plus dans la *Birkenallee* (l'allée des Bouleaux), derrière les baraquements. Ils étaient assis au bord des trottoirs ou sur les bancs près de la pelouse, ou simplement couchés par terre, terrassés par la fatigue et plus encore par le malheur qu'ils sentaient fondre sur eux.

On avait disposé des tables où ils furent enregistrés. Toutes leurs données personnelles furent notées : leur profession et autres particularités, surtout leurs maladies – tuberculose, maladies sexuellement transmissibles –, et comme toujours les précisions relatives à leur nationalité et au nombre de leurs grands-parents juifs.

Hans discutait avec Eli Polak, un collègue. Eli était brisé. Il avait aperçu sa femme quand les camions étaient arrivés près du train. S'étant évanouie, elle avait été jetée à l'arrière, avec leur enfant.

« Je ne la reverrai jamais. »

Hans ne se sentait pas en état de le consoler. Incapable de feindre. « Tu n'en sais rien, répondit-il sans conviction.

– Tu as entendu comment ça se passe à Birkenau ?

– C'est quoi, Birkenau ? demanda Hans.

– Birkenau est un énorme camp. C'est une partie du grand complexe d'Auschwitz. À leur arrivée, toutes les personnes âgées et tous les enfants sont conduits dans une grande pièce où on leur annonce qu'ils vont prendre une douche. En réalité, ils y sont gazés. Puis leurs cadavres sont brûlés.

– Mais ça ne se passe sûrement pas ainsi pour tout le monde », tenta de le rassurer Hans.

Alors arriva la soupe. Trois tonneaux. Chaque détenu en recevrait un litre. Ils se rangèrent en une longue file. Les plus débrouillards aidèrent à la distribution. Ils mangèrent dans des écuelles en métal bosselées, à l'émail écaillé, mais comme il n'y en avait pas assez, on versait deux litres dans chacune et il fallait se débrouiller avec son voisin. Il y avait aussi des cuillers. Une vingtaine. Celui qui n'en avait pas devait boire au bol. Ce n'était pas difficile. La soupe était claire. Çà et là flottait quelque chose de solide. Des discussions s'engagèrent : étaient-ce des feuilles de hêtre ou d'orme ? Tout cela était sans importance. La plupart avaient encore des réserves et ne sentaient pas encore la différence entre se remplir l'estomac d'un litre d'eau chaude ou d'un kilo de nourriture.

Soudain, on les pressa : « Vite, tout de suite, à l'appel ! » Ils engloutirent leur soupe brûlante aussi rapidement que possible et furent conduits vers un grand hangar en bois qui se dressait entre deux baraquements. C'était une blanchisserie. Dans une partie se trouvaient de grands chaudrons où des vêtements étaient lavés et dans l'autre, des douches. Hans en compta cent quarante-quatre. Sur les côtés, il y avait des bancs où on pouvait se déshabiller. Ils s'assirent et attendirent.

Ils apprirent qu'après l'appel, qui en cette saison se faisait à l'extérieur, ils iraient à *Buna*[1]. Le type de l'administration fut assailli de questions : « C'est quoi, Buna ? » « C'est bien ? » « On y sert la même soupe ? » Tout y était pour le mieux. C'était une fabrique de caoutchouc synthétique. La nourriture y était bonne

1. Du nom du caoutchouc synthétique produit par IG Farben AG ; contraction de *Butadien* (butadiène ou vinyle éthylène) et *Natrium* (sodium) ; les usines de la Buna-Werke ont été construites par les détenus à Auschwitz III-Monowitz. (Note de l'éditeur.)

car on travaillait là pour une entreprise industrielle, répondit l'homme en souriant.

Hans découvrit un Belge.

« Il y a longtemps que tu es ici ?

– Un an.

– On peut tenir le coup ?

– Si tu as de la chance et que tu es affecté à un bon commando.

– C'est quoi, un bon commando ?

– Eh bien, la blanchisserie par exemple, ou le *Krankenbau**, l'hôpital. Les commandos qui restent la journée au *Lager** sont presque tous bons. Les entreprises alimentaires aussi. Mais en tant que Juif, tu n'as aucune chance.

– Je suis médecin, est-ce que je pourrais être affecté à l'hôpital ?

– Tu ne t'es pas présenté comme médecin ?

– Si, mais ils m'ont rembarré. Où vont les femmes ?

– Les femmes de ce convoi sont arrivées dans ce Lager. Il y a un Block de femmes où ils font toutes sortes d'expériences. »

Le cœur de Hans s'arrêta. Friedel était dans ce camp. Des expériences ! Qu'est-ce que ça signifiait ?

Il parla de Friedel au Belge et lui demanda s'il voulait bien lui transmettre un message de sa part puisqu'il allait partir pour Buna. Le Belge dit que ce serait très difficile, il était extrêmement dangereux de s'approcher du Block des femmes. À cet instant, un SS entra. Tous bondirent sur leurs pieds, comme ils avaient déjà appris à le faire. Il posa une question décisive : « Il y a des médecins ici ? »

Trois d'entre eux s'avancèrent : Hans, Eli Polak et un jeune qu'ils ne connaissaient pas. Le SS demanda combien de temps ils avaient pratiqué. Apparemment, le jeune homme venait de finir ses études. Eli avait été généraliste pendant huit ans. Le SS renvoya Eli – « Tu vas avec les autres à Buna » – et emmena Hans et le jeune.

Ils traversèrent le camp, longeant tous les baraquements, et arrivèrent au Block 28. Ils durent attendre dans un long couloir en béton aux murs blanchis à la chaux. De chaque côté s'ouvraient des portes sur lesquelles des plaques indiquaient : *Ambulanz* (dispensaire), *Schreibstube* (secrétariat), *Operationssaal* (bloc opératoire), *Hals-Nasen-Ohrenartz* (médecin ORL), *Röntgenraum* (salle de radiographie), et beaucoup d'autres. À mi-chemin, un escalier en béton montait au premier étage.

Au bout de quelques minutes arriva un homme en costume blanc. Il les emmena au fond du couloir. *Aufnahme* était-il écrit sur la porte en verre dépoli. Cet « accueil » était une grande chambre, presque une salle, occupée pour moitié par des lits. Dans l'autre moitié se trouvaient quelques bancs, une balance et une grande table couverte de livres et de paperasses. C'est ici qu'étaient enregistrées les admissions à l'hôpital, celles des malades ou des membres du personnel.

Ils furent reçus par un Polonais petit et corpulent. Il les houspilla : pourquoi avaient-ils l'air si crasseux ? Ils durent se déshabiller entièrement et le Polonais leur montra leur lit. Dans chaque section se trouvaient trois lits superposés. Hans se glissa nu sous deux minces couvertures sur un lit du haut. Il essaya de s'enrouler dans les couvertures car la paille du sac de jute le grattait. Il venait de s'allonger quand un homme grimpa sur son lit. Âgé d'une trentaine d'années, il avait un visage rond et des lunettes tranquillement perchées sur son nez.

« Comment t'appelles-tu ? lui demanda-t-il. Tu es médecin ?

– Bien sûr. Je m'appelle Van Dam, et toi ?

– De Hond ! Je suis ici depuis trois semaines. La semaine dernière, je suis passé chez le *Lagerartz**, le médecin-chef, qui m'a engagé, et maintenant je figure sur la liste de réserve des infirmiers.

– Où as-tu étudié ? demanda Hans.

– À Utrecht, j'étais à la clinique pédiatrique.

– Que fais-tu comme travail maintenant ?

– Oh, de tout. Ils viennent te chercher dans la journée pour toutes sortes de corvées, tu verras. Du sale boulot, avec des cadavres et tout ça. Tu n'as plus de vêtements ? »

Non, Hans n'en avait plus. Il devrait s'en trouver de nouveaux le lendemain. Mais De Hond l'aiderait. « Tu sais quelque chose sur ce Block de femmes ?

– Oh oui », répondit De Hond, soudain visiblement nerveux. « C'est le Block 10, ma femme s'y trouve. Elle est médecin, elle aussi. Elle est arrivée au Block 10 il y a trois semaines. »

Hans était content qu'il y ait un médecin hollandais dans ce baraquement. Il parla de Friedel et dit qu'elle devait aussi se trouver au Block 10.

« Eh bien, dit De Hond, il faudra qu'on voie ce qu'on peut faire pour elle.

– Que veux-tu dire ?

– Samuel, le professeur qui y travaille, m'a promis qu'il ne réquisitionnerait pas ma femme parce qu'elle est médecin. Peut-être qu'il acceptera de faire passer l'épouse d'un autre médecin à travers les mailles du filet.

– Que leur font-ils donc ?

– Tu n'as qu'à le demander toi-même à Samuel, il vient ici chaque jour.

– Tu crois que je pourrai voir ma femme ?

– C'est très difficile. S'ils te chopent, tu es envoyé au bunker*, en prison, et tu peux t'estimer heureux si tu t'en tires avec vingt-cinq.

– Que veux-tu dire, vingt-cinq quoi ?

– Oh, c'est la punition standard, vingt-cinq coups de bâton sur les fesses. »

Hans sourit. Ça ne lui faisait pas peur, il suffisait de ne pas se faire choper. Que n'aurait-il pas donné pour voir Friedel ! De Hond lui promit de l'emmener le lendemain soir. Car là, à neuf heures, c'était l'extinction des feux.

Mais il ne faisait pas noir du tout dans la pièce. Le Block 28 était le dernier de sa rangée et l'accueil était situé du côté de la clôture. Tout le long brillaient des petites lampes, et il y en avait une plus puissante tous les deux poteaux de béton. Tout ce qui se trouvait aux environs du fil était vivement éclairé.

C'était un spectacle impressionnant, ces enfilades de petites lumières vives avec, entre elles, les lampes rouges de contrôle. La lumière entrait dans la chambre, éclairant les malades qui, demain, seraient présentés au médecin-chef. Hans aurait voulu ne plus voir cette lumière : elle l'angoissait. Il fermait les yeux mais ne pouvait s'empêcher de les rouvrir, encore et encore, pour la regarder. Comme pour se forcer à s'imprégner de la douloureuse réalité. Nerveux, il se retourna dans son lit, mais la lumière le poursuivait. Il tira sur lui les couvertures, mais elle était toujours là. Elle transperçait tout. Aucun moyen d'y échapper : il était dans un *Konzentrationslager**. Qu'on détourne la tête ou se réfugie sous les couvertures, cette idée ne vous quittait pas. Peu importait à quoi on essayait de penser, elle dominait tout, comme la lumière de ces lampes sur le fil, omniprésente où qu'on regarde.

Hans pleura. Ce n'étaient pas des sanglots rageurs comme quand autrefois, enfant, il n'avait pas obtenu ce qu'il voulait, mais des pleurs silencieux, qui coulaient tout seuls. Il n'y avait pas de tempête en lui. Il débordait simplement de chagrin. Heureusement, il était fatigué, mort de fatigue. Ne séchant même plus ses larmes, il finit par ne plus les sentir, et, lentement, la flamme de sa conscience s'éteignit.

Au camp de concentration, l'homme vit chaque jour son lot d'heures heureuses quand les lampes s'éteignent pour lui, le courant se débranche et le fil se coupe. Alors, l'âme peut se libérer du corps fatigué et torturé. Dans le royaume où pénètre le détenu le soir, il n'y a pas de SS, pas de chef de Block et pas de *kapo**. Il n'y a là qu'un maître, le désir, qu'une loi, la liberté.

La vie s'y déroule dans un mouvement circulaire divisé en deux périodes : du gong du matin au gong du soir et du gong du soir au gong du matin. Et au gong du matin, leurs sens s'éveillent, enchaînent leur âme, les arrachant au paradis.

Une demi-heure à peine après le gong du matin arrivèrent les premiers patients. De son lit, Hans pouvait observer tout ce qui se passait.

Les hommes se déshabillaient dehors, roulaient leurs vêtements en un ballot de manière à ce que le numéro sur leur veste soit bien visible. Ils entraient ensuite, nus. Dans la salle d'eau, on les lavait et on inscrivait leur numéro sur leur poitrine, pour que monsieur le médecin-chef puisse voir rapidement à qui il avait affaire.

Puis, retour des lavabos à la salle d'accueil : là, ils étaient enregistrés et n'avaient plus qu'à attendre. Ils étaient une soixantaine. À sept heures, ils avaient ainsi tous été lavés et enregistrés, mais le médecin-chef n'arriva que vers dix heures. Pourtant, aucun ne s'en plaignait. La plupart étaient contents d'échapper à une journée de travail. Et beaucoup étaient trop malades pour s'impatienter. Ils pouvaient s'asseoir sur les quelques bancs. Et personne ne s'occupait d'eux.

Certains avaient de la fièvre ou souffraient, mais on ne pouvait rien pour eux. Ils devaient d'abord passer chez le médecin-chef – il était interdit de leur donner quoi que ce soit avant.

À neuf heures et demie, Hans et Van Lier, le médecin débutant, durent se lever. Eux aussi seraient présentés au médecin du camp. C'était étrange de se présenter nu à son futur chef, mais d'un autre côté, peut-être cela valait-il mieux qu'en costume crasseux. Un ordre résonna dans le couloir : « *Artzvormelder antreten !* » (« Allez vous présenter au médecin ! ») : ils devaient se rendre à l'infirmerie.

Les Allemands du Reich passaient toujours en premier. Bien que prisonniers aussi, ils jouissaient dans ce camp, peuplé essentiellement de Polonais et de Juifs, d'un statut particulier. Le tour des Juifs venait en dernier, après les Allemands, les Polonais et autres « Aryens ».

Ils traversaient le couloir au pas de course, à la queue leu leu. Jusqu'au dispensaire. Cette salle semblait correcte. Au milieu, à une hauteur de cinquante centimètres, courait une barre métallique qui indiquait où les patients devaient s'arrêter. Les infirmiers se tenaient de l'autre côté. Derrière eux, sur de grandes tables, était posé le matériel médical.

Une paroi vitrée les séparait du bureau, où étaient assis les détenus secrétaires avec les dossiers de tous ceux qui étaient déjà venus consulter au dispensaire.

Quand Hans et Van Lier arrivèrent, cette fois, il n'y avait ni patients ni infirmiers, rien que le médecin-chef SS avec un autre SS, un *Unterscharführer**, et deux prisonniers polonais. L'un était le *Lagerälteste**, à la fois doyen du camp et chef des détenus-médecins, et l'autre le médecin des admissions. La veille au soir, les Polonais avaient déjà examiné tous ceux qui passeraient devant le médecin SS et qu'ils lui présenteraient maintenant.

Cette procédure était sommaire, pas d'explications, pas de discussion, pas d'examen. Vite, vite, le docteur *Obersturmführer** n'avait pas le temps. Il n'avait jamais le temps. Un diagnostic, lu sur une fiche, un coup d'œil rapide au patient et la réponse tombait : admission ou *Blockschonung**. Dans ce cas, le malade, dispensé de travail pendant plusieurs jours, retournait à son baraquement. Il était alors de nettoyage, corvée réservée à ceux dont l'état n'exigeait pas une hospitalisation mais que leurs blessures au doigt ou ulcères à la jambe, par exemple, empêchaient de travailler.

Pour les malades juifs, l'admission était souvent nécessaire, tant leur santé était mauvaise. C'étaient eux qui travaillaient dans les commandos les plus durs, ne recevaient jamais le moindre colis et qui, lors de la distribution de nourriture dans les baraques, se faisaient le plus voler par les doyens.

Admission, admission, corvée de nettoyage, admission. En quelques minutes, toute la file fut liquidée. Puis vint le tour des Hollandais.

« Médecins, arrivés hier avec le convoi », annonça le docteur polonais.

Le médecin-chef hocha la tête : « À affecter ! »

Et ce fut fini. En courant, ils retournèrent à la salle d'accueil et durent se remettre au lit. Hans était content – en effet, il avait de la chance. La vie serait vraiment mieux à l'hôpital que dehors, sur les chantiers. Les patients admis furent conduits par des infirmiers vers les différents Blocks : chirurgie, maladies internes et maladies infectieuses. Les autres sortirent pour aller se rhabiller. Et celui affecté à la corvée de nettoyage reçut un petit mot destiné au secrétaire de sa baraque.

De Hond vint chercher les deux Hollandais, et ils sortirent ensemble.

Dehors se trouvaient encore les vêtements des « admis ». Quelques infirmiers s'affairaient à dénouer les ballots et à chercher dans les poches les objets de valeur. Les vêtements en bon état, voire intacts, étaient mis de côté. Le reste finissait sur un chariot. Hans et Van Lier purent y faire leur choix.

Ainsi furent-ils habillés à peu près correctement. Ils avaient même dégoté des paires de chaussures en cuir, très abîmées certes, néanmoins plus commodes pour marcher que les sabots. Maintenant qu'ils avaient des vêtements, ils pouvaient travailler ; ils furent donc aussitôt réquisitionnés. On leur demanda de conduire le chariot de vêtements à la désinfection.

Le kapo en charge de la désinfection se tenait sur le pas de la porte. Il régnait en maître absolu sur les douze hommes qui travaillaient dans sa cabane. Lorsque arrivèrent les deux bleus, il esquissa une courbette sarcastique : « Voici deux grands messieurs ! Et d'où viennent-ils ? »

Van Lier voulut être poli : « De Hollande, monsieur. »

Le kapo se mit à rire : « Alors, vous crèverez vite. Ici, les Hollandais crèvent tous en quelques semaines. Vous êtes trop finement bâtis et ne savez pas travailler. »

Hans haussa les épaules, comme pour dire : c'est ce qu'on verra. À ce moment, la grande étuve s'ouvrit, libérant un chariot rempli d'articles désinfectés : « Allez, déchargez ! »

Ils déchargèrent. Les vêtements étaient brûlants, horriblement brûlants, à presque cents degrés encore, et dégageaient une vapeur qui leur ébouillantait les mains. En un instant, ils étouffèrent dans cet air surchauffé, dégoulinants de sueur.

Mais le kapo les harcelait, les bousculant et aboyant sur eux des « Plus vite, imbéciles ! » dès qu'ils tentaient de respirer.

Quand tous les vêtements furent déchargés, Hans, pris de vertige, sortit de la cabane. Il essayait de reprendre son souffle lorsque quelqu'un lui tapota familièrement l'épaule. C'était un des garçons qui travaillaient à la désinfection, un Juif polonais.

« Notre kapo est un brave gars, n'est-ce pas ? »

Hans le regarda, perplexe.

« Ben oui, il s'est foutu de vous, mais tu ne sais pas ce que le camp signifie réellement.

– Tu es ici depuis longtemps ? »

Le Polonais montra le numéro sur sa poitrine : 62 000 et des poussières. « Je suis ici depuis un an et demi, j'ai traversé des moments difficiles. Alors, ici, c'est presque un sanatorium. On ne te frappe pas souvent, et si tu ne deviens pas musulman*, tu ne cours aucun danger.

– Que veux-tu dire ? C'est quoi, un musulman ?

– Ah, t'es encore un vrai bleu, toi. T'as déjà entendu parler de ces gens qui font un pèlerinage à La Mecque, maigres comme des clous, complètement décharnés, la peau sur les os ? Ces types à la Gandhi ? C'est eux, les musulmans. »

Hans ne comprenait pas. « Et alors qu'est-ce qui leur arrive ?

– Y peuvent plus travailler, y vont au crématoire. Avant, c'était différent. Je travaillais à Birkenau. Quand les commandos partaient et que le kapo annonçait : "Commando terrassiers, 270 hommes", le SS au portail disait : "C'est 40 de trop." Alors, le SS et le kapo s'arrangeaient pour que 40 hommes soient battus à mort ce jour-là. Quand on rentrait le soir, on sentait l'odeur de cramé des camarades qui étaient de trop le matin. Ils se foutaient bien que ce soient des musulmans. Des milliers sont morts de cette manière et ceux qui avaient la veine de passer à travers les mailles du filet finissaient par crever quand même, comme ça ou autrement. Imagine un peu, huit kilomètres aller le matin et huit kilomètres retour le soir. Tu passais la journée dans l'eau, parfois jusqu'aux chevilles, parfois jusqu'à la taille, à draguer du gravier. L'hiver, quand on rentrait, souvent, nos vêtements étaient gelés, durs comme du bois. On nous frappait, nous tabassait ! Et ne crois pas que tu pouvais t'appuyer une minute sur ta pelle, y avait aussitôt un SS pour t'empêcher de prendre racine. Regarde. »

Il montra une grande cicatrice sur sa jambe, et que deux doigts lui manquaient à la main gauche : « Réduits en bouillie. Mon camarade fumait pendant le boulot, je lui ai demandé une taffe. Au moment où il me passait sa clope, le garde est arrivé. Il a levé son fusil pour me frapper. J'ai voulu me protéger mais ma main a glissé entre la crosse et un muret. Le deuxième coup, c'est mon copain qui l'a reçu. Le soir, nous l'avons ramené inconscient au camp. On aurait peut-être pu le sauver, mais l'appel a duré trop longtemps ce soir-là, au moins trois heures, et pendant tout ce temps, il est resté couché sur le sol.

– Personne ne pouvait l'aider ?

– C'était l'appel et le nombre devait tomber juste. Moribond ou pas, tu devais être compté. »

Jacques, le Juif polonais, se tut, contemplant les moignons de sa main gauche. Hans regarda autour de lui et eut soudain un choc. En face de la désinfection se trouvait un baraquement avec du grillage aux fenêtres. Et derrière, il vit des femmes. Le Block 10. Celui des femmes.

Jacques perçut sa stupeur. « Qu'est-ce que tu regardes ? »

Hans hésita : « Je crois que ma femme est là. »

Jacques s'étonna : « Si ta femme est arrivée hier, ça colle. Mon vieux, t'es un sacré veinard.

– Je pourrais la voir ?

– Le soir. C'est risqué et y a un prix à payer. »

Arriva alors le *Pfleger**, l'infirmier qui était venu chercher les vêtements avec eux.

« Retour au Block. »

La journée se passa dans une inactivité affairée. Il y avait toujours un brin de paille à trouver sur un lit. Il y avait toujours une tache à nettoyer sur une vitre. On prenait alors un vieux bout de papier et on astiquait. C'était ennuyeux, mais Hans ne se plaignait pas. Il lui suffisait de repenser à ces hommes-machines, de se dire que chaque jour qu'il tirait ici sans incident le rapprochait de la sortie.

C'était aussi l'avis de Kalker, un médecin de La Haye. Hans l'avait rencontré une ou deux fois chez des parents dont il était le médecin de famille. Maintenant, il travaillait au Block 21, la section chirurgicale. Il était passé voir qui étaient ces Hollandais nouvellement arrivés. « Ben oui, les gars, dit-il à Hans et à Van Lier, c'est la douche froide quand on débarque. Pas vraiment ce à quoi on s'attendait.

– Vous êtes ici depuis combien de temps ?

– Trois semaines. Je suis resté deux semaines en salle d'admission puis j'ai été affecté au Block 21.

– Vous assistez le chirurgien ? »

Kalker éclata de rire : « Oui, après avoir étudié l'anatomie topographique d'un chiotte, j'ai été promu au nettoyage. On n'a pas idée de la complexité et de l'intérêt de ce travail. Quatre fois par jour, tu laves les sols et, tous les deux jours, tu frottes les cuvettes des waters avec du sable. Mes cabinets sont un régal pour les yeux. J'en ai deux : un pour les patients avec douze cuvettes sur deux rangées et un pour le personnel, avec une rangée de six cuvettes. Dans le petit, il y a un cagibi séparé pour les éminences, le doyen du Block et le doyen du camp, et même aussi paraît-il pour le médecin-chef. Mais je n'ai pas encore eu l'honneur de le voir. Comme il ne vient au camp qu'une petite demi-heure par jour, il peut se retenir. Ce serait trop pour lui de devoir s'asseoir sur les mêmes chiottes que des détenus. »

Le ton joyeux du récit de Kalker amusait Hans. « Vous avez assez à manger ?

– Maintenant, ça va. À la soupe, il y a généralement du rabiot, j'en tire un litre et demi. Et une fois que tu as une affectation officielle, tu touches deux fois par semaine un supplément de pain.

– Quelle quantité de nourriture reçoit-on exactement ici ? demanda Van Lier.

– Par jour, tu reçois un litre de soupe et une ration de pain, puis deux fois par semaine quarante grammes de margarine, une cuillerée de confiture et une tranche de saucisse de quarante grammes. Mais ne va pas te faire des idées. La margarine ne contient que quinze pour cent de graisse, le reste est un liant synthétique, et la saucisse n'est composée que pour moitié de viande, de la viande de cheval.

– Cela fait quoi, en valeur nutritionnelle, combien de calories en tout ?

– J'ai calculé approximativement, répondit Kalker. La soupe ne vaut pas grand-chose, quelque 150 à 200 calories par litre. Au total, tu tires environ 1 500 calories par jour. Ce n'est pas assez. Au repos, le corps a déjà besoin de 1 600 calories. Tu comprends donc que quelqu'un qui doit travailler dur devienne vite musulman.

– Mais quand tu regardes ces Pfleger, ils ont tous l'air en pleine forme, objecta Hans.

– Bien sûr, mais primo ce sont généralement des Polonais, qui reçoivent donc des colis, et deuzio, ce sont souvent les plus grands « organisateurs* » ou plutôt voleurs. Tu ne peux pas comprendre encore, il faut les avoir observés pendant plusieurs semaines. Les Pfleger distribuent la soupe. Les malades reçoivent la couche claire, en surface. Les quelques pommes de terre et fèves tombent au fond et restent donc pour les Pfleger. »

À ce moment entra un homme de haute taille. Il était âgé, sans doute la soixantaine passée, et se tenait légèrement voûté. Il portait un pince-nez à l'ancienne.

De Hond bondit : « Bon après-midi, professeur. »

Hans comprit qu'il s'agissait du Pr Samuel. Il se présenta et se prépara à répondre aux questions rituelles : jour d'arrivée, nouvelles politiques, et cætera et cætera. Il parla du convoi, de son arrivée à Auschwitz, avant d'évoquer la présence de Friedel.

Le professeur embraya aussitôt : « En effet, j'ai déjà parlé avec plusieurs des nouvelles de Hollande, mais le nom de Van Dam ne me dit rien. Vous n'avez qu'à essayer de parler à votre femme par la fenêtre, mais soyez prudent. Je lui passerai le bonjour, en tout cas. »

Hans aurait voulu lui demander de lui transmettre un petit mot, mais il se ravisa. Il n'allait pas se contenter de si peu. « Vous allez souvent au Block des femmes ?

– Chaque jour, j'y travaille. »

Hans fit l'innocent. « Vous êtes le médecin de ces femmes ?

– Pas tout à fait. J'ai plutôt des tâches précises à remplir. Et ces femmes sont en quelque sorte du matériel d'étude.

– N'est-ce pas pénible pour elles ? »

Le professeur se mit aussitôt sur la défensive : « Il y a bien des expériences pénibles, parfois même préjudiciables aux femmes, mais ce que je fais est complètement différent. J'ai réussi à intéresser la SS à une recherche sur l'origine du cancer de l'utérus. On a mis à ma disposition un grand nombre de femmes qui de ce fait ne sont pas utilisées pour d'autres expériences désagréables. »

Hans hocha la tête d'un air entendu. Les bonnes intentions du professeur le laissaient quelque peu sceptique, mais il ne voulait rien en laisser paraître. Il avait encore besoin de lui.

« Jugez vous-même, poursuivit Samuel. Je prélève sur mes femmes un petit échantillon de muqueuse du col de l'utérus que nous analysons ensuite au microscope. Chez certaines, nous décelons des anomalies du tissu cellulaire. Des cellules dont la structure diverge fortement de la norme. Je crois que c'est dans ces cellules que se développe ultérieurement le cancer. J'espère ainsi dépister la cause de la formation des tumeurs. »

À en juger par ce qu'il racontait, les tests semblaient plutôt anodins pour les femmes. Mais Hans n'en voyait pas vraiment l'utilité. Des chercheurs japonais avaient badigeonné la peau de souris blanches avec des produits à base de goudron et observé minutieusement les modifications tissulaires qui s'étaient ensuivies. Un cancer s'était formé, preuve que le goudron contenait des substances cancérogènes. Du reste, des études avaient déjà pointé des résultats analogues : le cancer de la langue et des lèvres chez les grands fumeurs de pipe. On avait pensé autrefois que la succion provoquait ce cancer, on savait maintenant que c'était les résidus de goudron dans le tuyau de la pipe.

Indépendamment de l'utilité de l'expérience, utiliser des gens contre leur gré pour de la vivisection était, aux yeux de Hans, une pratique révoltante, mais il préféra garder son opinion pour lui car il ne connaissait pas encore suffisamment les faits et avait d'autres priorités. « Les nouvelles venues hollandaises seront-elles aussi soumises aux expérimentations ?

– Sans aucun doute, répondit Samuel. Mais je vais aider votre femme. Je l'inscrirai sur ma liste, ainsi elle ne tombera pas en d'autres mains et je la garderai aussi longtemps que possible à l'abri. »

Hans, un peu soulagé, remercia le professeur. Il ne savait pas ce que valait cette promesse, mais il avait atteint son objectif : Friedel serait provisoirement épargnée.

Entre-temps, le soir était tombé. Sur le fil, les lumières avaient été allumées.

Le chef de salle arriva, un infirmier bedonnant. Il appela les deux nouveaux : « Commando cadavres. »

De Hond ricana : « Chouette corvée ! Retroussez bien vos manches, c'est crade. »

Ils sortirent. Un grand camion plateau était garé, la benne tapissée de zinc. Les croque-morts remontaient les cadavres de la cave, deux par civière. Ce qui n'était pas difficile car ces êtres morts à la tâche n'avaient que la peau sur les os. Ils étaient des squelettes de leur vivant déjà.

Les porteurs attrapaient les cadavres un à un par les bras et les jambes et les balançaient sur le plateau où Hans et Van Lier devaient les empiler. Quand le cadavre atterrissait, il glissait tout seul vers l'arrière car le revêtement était déjà lubrifié par les liquides qui dégoulinaient des autres corps. Hans et Van Lier s'écartaient alors d'un bond pour éviter que le cadavre ne souille leurs vêtements. Une fois qu'il avait terminé sa course, ils le ramassaient et le déposaient soigneusement sur le tas. Puis à nouveau, ils s'écartaient vite, car le corps suivant entamait déjà sa glissade. Les croque-morts s'amusaient à lancer les cadavres directement sur Hans et Van Lier, qui dansaient d'un bout à l'autre de la benne.

Une activité lugubre. La nuit était déjà presque tombée et ils travaillaient à la lueur des lampes du fil. Les macchabées glissaient dans la benne où dansaient deux hommes dont les mains étaient si poisseuses et dégoûtantes qu'ils n'avaient presque plus de prise sur les cadavres et ne parvenaient plus à épargner à leurs vêtements la souillure de leur contact.

Hans se sentit incroyablement sale à son retour en salle d'accueil. Il s'était lavé les mains à l'eau froide. Du savon, il n'en avait pas et personne ne voulait lui en prêter. Quant à nettoyer ses vêtements, c'était hors de question.

De beaux slogans prônant l'hygiène avaient été peints sur les murs de la salle d'eau : « *Reinlichkeit ist der Weg zur Gesundheit* » (« La propreté, c'est la santé »), « *Halte dich sauber* » (« Reste propre ») et d'autres du même acabit. Ainsi fonctionnaient les Allemands : les mots supplantaient le réel et si on répétait assez souvent un slogan et qu'on le collait partout, tout le monde finirait par y croire. « *Wir fahren gegen England* », « *V = Victorie* », « *Die Juden sind unser Unglück* ». « Nous marchons sur l'Angleterre », « V= Victoire », « Les Juifs sont notre malheur. »

Les Tibétains ont des moulins en papier où des prières sont inscrites, les moulins tournent au vent et la prière est continuellement répétée. Quand on passait aux lavabos et qu'on se rinçait les mains à l'eau froide, il suffisait donc de lire trois fois « *Halte dich sauber* » pour que l'affaire soit réglée. Hans aurait préféré être enfermé chez les Tibétains. La seule supériorité des Allemands en matière de civilisation était leur technique meurtrière.

Dans la salle d'accueil, De Hond le cherchait déjà. « Viens avec moi, Van Dam, il fait presque noir. On va au Block 10. »

Ils arrivèrent à la Birkenallee. Nombreux étaient ceux qui déambulaient là sans but. Dans les parages du Block 10 se tenaient quelques hommes. De Hond se dirigea vers eux et fit les présentations : « L'ami Adriaans. »

Adriaans posa mille questions sur Westerbork où étaient enfermés ses beaux-parents, mais Hans l'écoutait à peine. Il n'avait d'yeux que pour les fenêtres grillagées, à dix mètres de là, où apparaissait de temps à autre un visage de femme.

Adriaans était intarissable. Il était ici depuis quelques mois, il avait vraiment eu de la chance. Ima se trouvait dans ce Block et y travaillait comme infirmière et il était, lui, à l'Institut d'hygiène. Pour être exact : l'*Hygienisches Institut zu bakteriologischen und serologischen Untersuchungen der Waffen-SS Süd-Ost* (Institut d'hygiène Sud-Est pour la recherche bactériologique et sérologique de la Waffen SS). C'était là qu'étaient effectuées toutes les recherches en laboratoire des camps de la région Sud-Est. Une affectation relativement tranquille, même si on s'y faisait harceler par les laborantins SS.

Soudain, sans se retourner, Adriaans appela : « Bonjour Ima, bonjour petite, comment c'était aujourd'hui ? »

À la dernière fenêtre donnant sur la Birkenallee une femme était apparue. Elle portait un foulard rouge sur la tête et un tablier blanc. Elle répondit de manière à peine compréhensible.

Hans fut incapable de se contrôler plus longtemps. Il cria à Ima de bien vouloir aller chercher Friedel. Mais ses compagnons lui donnèrent un coup de coude et lui expliquèrent qu'il devait se tenir tranquille. La bordure du camp était à moins de cinquante mètres : là, derrière le premier fil, était postée la sentinelle dans sa tourelle. Un mot crié à une femme, un coup de feu, et l'idylle serait à jamais terminée.

La patience n'avait jamais été le fort de Hans. Et il avait l'impression d'attendre déjà depuis des années. Il ne pouvait plus supporter cette tension. L'atmosphère était lourde. Et dans la lumière du crépuscule, les silhouettes des femmes derrière les fenêtres se dessinaient comme dans un théâtre d'ombres. C'était une chaude soirée de fin d'été, et l'air était chargé de mystère. Comme dans un conte des Mille et Une Nuits, les hommes se tenaient près de ce grand harem, chacun empli de désir pour celle qu'il aimait.

Et soudain il entendit sa voix, pareille à un chant descendu d'un lointain minaret dans la douceur d'une nuit orientale. Pareille à un rêve empli de nostalgie et de désir, aussi suave que le chuchotement d'amoureux qui se cachent et aussi fervente que la prière du croyant qui, le corps penché vers le sol, loue le Prophète.

« Hans, mon bien-aimé. Dieu soit loué, toi aussi tu es ici.

– Friedelette, tout est différent maintenant que nous sommes ensemble. »

Il chercha sa silhouette mais, profitant de l'obscurité croissante, les femmes étaient devenues plus téméraires. Elles se pressaient aux fenêtres et se ressemblaient toutes avec leurs foulards rouges. Hans le dit à Friedel.

« Je vais ôter mon foulard, tu verras tout de suite comme je suis belle maintenant. »

Là, à la deuxième fenêtre, c'était elle, sa femme. Il sourit. Évidemment qu'elle était belle. Il la trouverait toujours aussi belle, qu'elle ait des cheveux ou le crâne rasé, et le jour où il pourrait à nouveau la prendre dans ses bras, elle serait la même à ses yeux, aussi brisée soit-elle.

« C'est comment dans votre Block ? »

Les hommes s'étaient placés de manière à cacher Hans à la sentinelle et lui permettre de s'exprimer un peu plus librement.

« Bah, mon ami, ce n'est pas mal ici. On n'est pas obligées de travailler et c'est propre.

– Friedel, j'ai parlé au professeur. Tu ne dois pas avoir peur, il dit qu'il t'épargnera en tant que femme de médecin.

– Tant mieux, car il a l'air de se passer des choses mauvaises ici. »

Hans vit la voisine de Friedel la pousser du coude. On n'avait apparemment pas le droit d'aborder ce sujet.

« Friedel chérie, je suis à l'hôpital, moi aussi je tiens très bien le coup... »

Puis ce fut fini. Un sifflement retentit, et les hommes donnèrent une bourrade à Hans. Ils remontèrent la Birkenallee sans jeter un regard au baraquement des femmes.

Un garçon s'avança vers eux. « C'est moi qui ai sifflé, Claussen est dans le camp. »

Claussen était le *Rapportführer**, responsable du contrôle des effectifs. Il débarquait quand bon lui semblait et rapportait tout ce qui se passait au *Lagerführer**, le chef de camp. Ce Claussen était un vrai Germain, blond et grand, comme échappé d'une gravure. Le matin, il était méchant, et le soir, très dangereux, car généralement il avait bu.

L'instinct de cruauté qui, chez tout être civilisé, est systématiquement réprimé dès la prime enfance par la famille et l'école, avait été réveillé chez le peuple allemand. La morale nationale-socialiste, combinée à l'indispensable dose d'alcool, avait transformé l'homme en démon. Non, ces hommes étaient même une insulte au démon qui, lui, est un vengeur équitable : il ne torture que celui qui le mérite ou si, comme avec Faust, il y est autorisé par un contrat. Mais les nazis n'avaient besoin d'aucune justification pour fondre sur des victimes sans défense.

Ce fut le cas ce soir-là avec Claussen, le Rapportführer. Gardant prudemment leurs distances, les hommes l'épiaient. Quiconque l'approchait trop avait droit à un coup de pied ou de matraque. Celui qui ne dégageait pas à temps était plaqué au sol et faisait une rencontre cuisante avec ses bottes de cuir.

Mais là se tenait Willy, le Lagerälteste, le doyen et représentant des détenus. Le calot à la main, il s'avança vers Claussen en riant. Le redoutable Rapportführer hésita un instant, mais à la vue du bonhomme candide qui lui adressait un aimable signe de tête, il se calma. Il tapa jovialement le doyen sur l'épaule et l'emmena avec lui. Ils iraient bien boire une petite goutte ensemble.

Tout le camp respira : Willy avait sauvé la situation. C'était vraiment un bon gars. Estimant de son devoir d'être du côté des détenus, il osait prendre des risques.

Il était allemand mais, en tant que communiste, on l'avait envoyé en KZ (*Konzentrationslager*) huit ans plus tôt.

Dering, lui, était différent. Dering était le « doyen » de l'hôpital. Les « doyens » étaient choisis par les SS parmi les prisonniers. Hans le rencontra le lendemain matin.

« Alors, tu vaux quoi, comme médecin ? »

Éprouvant aussitôt une aversion pour cet homme qui, vautré sur sa chaise, s'adressait à lui, un collègue, comme à un gamin, Hans lui répondit en quelques mots.

« Suffit, va attendre dans le couloir. »

Dans le couloir se trouvaient différents détenus. La plupart étaient de jeunes Polonais, des infirmiers qui devaient être présentés au doyen de l'hôpital. Il y avait aussi trois Juifs : Hans, le jeune Van Lier et un homme plus âgé qui se présenta : Dr Benjamin, pédiatre à Berlin. Il était dans le même convoi que Hans mais, après la désinfection, il avait été emmené à l'hôpital par le Pr Samuel. Tous deux s'étaient rencontrés au cours de leurs études.

Après le passage du dernier jeune Polonais chez le doyen de l'hôpital, un secrétaire arriva avec une liste : il mit les médecins juifs de côté et emmena les Polonais. Il revint au bout de quelques minutes.

« Vous devez d'abord aller au Block de quarantaine*. Ensuite, vous pourrez être affectés au Krankenbau. »

La veille, quand Hans était sorti de chez le médecin-chef, il croyait en être quitte, mais De Hond l'avait prévenu : « Tu en as fini avec l'Allemand, mais pas avec le Polonais. »

Hélas, De Hond avait raison.

Le médecin-chef du camp les avait acceptés, mais le chef polonais de l'hôpital les envoyait en quarantaine. Reviendraient-ils un jour à l'hôpital ou n'était-ce là qu'un subterfuge ?

C'est ce que Hans craignait. Pourquoi les jeunes Polonais n'étaient-ils pas envoyés eux aussi en quarantaine ? Pourquoi seulement les trois Juifs ?

C'est en quarantaine que Hans apprit la vie du camp. Il partageait un lit à trois étages avec le vieux Dr Benjamin et un Russe. À quatre heures et demie du matin retentissait le grand gong sur le toit de la cuisine et, moins de dix secondes plus tard, un raffut de tous les diables envahissait le dortoir. Tout le monde sursautait et descendait de son lit, puis les *Stubenältesten**, les doyens de la chambrée, grimpaient partout pour chercher les tire-au-flanc qu'ils délogeaient à coups de bâton.

Ils se plaçaient ensuite, dans le couloir central, au bout de la longue file de détenus qui attendaient leur tour de se laver. Cette attente était une épreuve pour Hans. Quand il se réveillait, il avait besoin d'aller tout de suite aux w.-c., c'était comme ça depuis toujours. Et maintenant, il devait faire la queue pendant une heure, une simple chemise sur le dos, sans aucun moyen de s'éclipser une minute. Qui essayait de se plaindre au doyen de chambrée ou au garde à la porte ne récoltait qu'une paire de claques.

Au bout d'une heure, on atteignait la porte où on recevait des galoches, puis on descendait d'un étage où se trouvaient les latrines et les lavabos. À l'entrée des toilettes se tenait le *Scheissmeister**, qui veillait à ce qu'on ne les souille pas. Il avait un bâton à la main et savait s'en servir. Aux lavabos, le *Bademeister** attendait lui aussi avec son bâton. Aux murs, toujours ces slogans vantant une bonne hygiène : « *Sauberkeit ist der halbe Weg zur Gesundheit* » (« La propreté est la moitié du chemin vers la santé ») et d'autres jolies formules. La propreté ! Quelques gouttes d'eau froide, pas de savon et pour toute serviette, sa chemise. Après les ablutions, on était contrôlé, et malheur à celui qui n'était pas propre !

Puis faire les lits. L'Allemagne a un rapport particulier avec les lits. Leur fonction première n'est pas de servir de couche, mais d'être regardés. Et que les couvertures soient crasseuses, les paillasses complètement vides, qu'un malade ou un mort y ait couché n'a aucune importance, pourvu que le lit soit au carré, la couverture sans un pli ni un brin de paille dessus. Ensuite faire la queue, s'insérer entre deux cents Polonais et Russes dans cette file infinie qui serpentait entre les lits, pour une gorgée de café. Que tu aies soif ou pas. Il y avait trop peu de bols, on buvait donc à deux dans le même et on devait se dépêcher, car d'autres attendaient leur tour. « *Halte dich sauber* » (« Sois propre ») clamaient les murs, et tout le monde buvait dans le même bol. Y lapait son café, y mangeait sa soupe avec un bout de bois en guise de cuiller.

Hans ne put s'empêcher de repenser à l'histoire de ce pasteur qui mange de la soupe de gruau chez un paysan – un de ses paroissiens – et plonge sa cuiller dans le plat. Le voyant porter un grumeau à sa bouche, le paysan lui dit : « Recrache-le, pasteur, je viens juste de mordre dedans. » Ici, c'est comme si tout avait déjà été recraché dans les plats...

Hans prenait tout cela avec assez d'humour. Ce n'était pas le cas du Dr Benjamin. Le vieil homme était brisé. Il ne supportait pas d'être houspillé et frappé à longueur de journée, et c'était précisément son désarroi qui lui valait la plupart des coups. Quand il recevait son café, il ne parvenait pas à l'avaler assez vite et écopait d'une claque. Après le café, au commandement « Tous sur les lits », il récoltait un coup de pied.

Ensuite, ils s'asseyaient deux ou trois heures sur les lits, tandis que les privilégiés passaient la serpillière. Privilégiés, car ce travail leur rapportait une louche supplémentaire de soupe. De tempérament très actif, Hans s'ennuyait ferme. Mais il se rappelait les paroles de Leen Sanders : chaque jour que tu passes en quarantaine est un jour de gagné. Autant à bouffer que dans un commando, mais le travail en moins.

Certes, tu épargnais tes forces, mais ça t'usait les nerfs. Attendre le café, attendre la soupe, attendre les coups et les engueulades.

Parfois, on pouvait sortir pendant la journée. Le matin, la température était agréable entre les baraquements mais à midi, on était comme dans un four sous le soleil de septembre. Pour Hans et le Dr Benjamin, sortir n'avait qu'un avantage : alors que dans leur chambre ne logeaient que des Russes et des Polonais qui ne leur décrochaient pas un mot – ils étaient les seuls Juifs et leurs codétenus les avaient dans le nez –, dehors, ils rencontraient d'autres prisonniers en quarantaine, des Tchèques, des Autrichiens, et, cerise sur le gâteau, vous en trouviez toujours un pour vous expliquer que la guerre durerait encore au maximum trois mois.

Et puis, après trois jours, ce fut la fête : un colis de Friedel, deux tranches de pain avec de la margarine et de la confiture. Au Block de quarantaine, il fallait rompre le pain. Mais ces tartines-là avaient été soigneusement coupées, recouvertes de margarine et de confiture, par la main d'une femme, sa femme.

Elle était si près, à trois cent mètres tout au plus. Mais devant les portes étaient postés les gardes et s'ils l'attrapaient, ça lui vaudrait une bonne raclée. Bien que tentant, cela pouvait aussi lui valoir un rapport du SS et le *Strafkommando**, le commando disciplinaire. Il ne pouvait pas courir ce risque. Il vécut donc une semaine dans la tension de l'inactivité, à attendre le pain et les coups, entre l'ennui et le désir.

Mais au bout d'une semaine, il y eut du changement...

Il faisait chaud, très chaud entre les baraques. Le long du Block 13 serpentait une étroite bande d'ombre qui ne s'élargissait que lentement, car le temps passait lentement sous le soleil de plomb de cette journée sans fin. À l'intérieur de cette bande étroite se pressait la moitié de l'Europe centrale et orientale. L'autre moitié, qui ne pouvait trouver la moindre petite place à l'ombre, restait contre le mur du Block 12, inondé de soleil, accroupie ou couchée, à même le sol, dans la poussière. Les torses nus étaient sales, couverts d'un mélange douteux de sable et de sueur. Le calot sur la figure, ils dormaient là.

Hans préférait la chaleur du soleil à celle qui émanait de la foule entassée dans la petite bande d'ombre. Il déambulait avec Oppenheim, qui dissertait sur son thème favori : la fin de la guerre eu égard à la pénurie de pétrole.

Puis s'éleva une voix sonore : « *Alle Holzschuhen** *antreten.* » (« Toutes les chaussures de bois, au rassemblement. ») Hans hésita à y aller. Il était un des rares à avoir des chaussures, même si elles étaient à semelles de bois. Les autres, qui étaient passés directement de la désinfection à la quarantaine, portaient encore des sandales.

Son hésitation fut désastreuse, car le chef de baraque qui avait hurlé l'ordre fondait déjà sur lui et l'entraîna en vomissant des insultes : il l'avait vu essayer de se débiner.

Ils formèrent une équipe de quinze hommes. La plupart étaient polonais, de jeunes gaillards rudes et robustes, encore bien nourris. Deux par deux, ils se dirigèrent vers le Block 1 où se trouvaient des chariots. On leur passa des sangles attachées avec du fil de fer à un chariot, qu'ils entreprirent de tirer en direction du portail. Le détenu chef de baraque, qui assurait la surveillance, annonça : « *Häftling 27 903 mit 15 Häftlingen zur Strassenbau**. (« Le prisonnier 27 903 avec 15 prisonniers pour travaux de terrassement. »)

C'était donc ça : le terrassement. Le SS enregistra le commando dans un livre derrière le guichet du *Blockführerstube**, qui lui tenait lieu de bureau. Et ils poursuivirent leur route.

Hans ne put réprimer un sourire en repensant au jour de son arrivée, une semaine plus tôt. À tous ces hommes-machines qui tiraient des chariots. Maintenant, il tirait lui aussi, il était une des quinze roues d'une de ces machines et s'il ne tirait pas assez fort, il recevait aussitôt un coup de pied du Polonais qui marchait derrière lui.

« *Dalli-Dalli* ! » (« Vite, vite, du nerf !), criaient les Polonais, « *Davai bistro !* » (« Allez, vite ! »), les Russes, « *Los, Schweinehunde !* » (Allez, fils de chiens !), s'époumonait le Blockälteste. Ce n'étaient que des « vite vite, et que ça saute, allez, du nerf, salopards ! » Et si un SS venait à passer, le chef de baraque criait deux fois plus fort et frappait de son bâton le détenu le plus proche, sur le dos ou sur la tête, peu importait, le tout était de bien montrer quel doyen zélé il faisait.

C'était partout ainsi chez les nazis. Les SS criaient sur tout le monde, même sur les chefs de baraque, les chefs de baraque criaient et cognaient, même sur les Polonais qui, à leur tour, choisissaient les plus faibles pour leur crier dessus. Ici, les plus faibles étaient Hans et un Juif polonais prénommé Leib.

Ils ne répliquaient pas. Hans sentait que les Polonais criaient pour décharger la tension, comme eux-mêmes se faisaient crier dessus. Le Führer criait sur ses généraux. Ils le supportaient très bien car ils criaient à leur tour sur leurs officiers. Et les officiers criaient, eux, sur les soldats. Telle une boule de billard dont la course ralentit après en avoir heurté une autre, les soldats se calmaient en cognant et criant sur les prisonniers.

Le chef de baraque frappait donc les Polonais et les Polonais, Hans. Ainsi, lorsque la gifle du Führer arrivait jusqu'à Hans, elle devenait inoffensive, car Hans était impuissant.

Impuissant, il le fut aussi lorsqu'ils arrivèrent près du tas de gravier. Ils allaient charger le gravier en deux équipes, chacune son tour. Sauf que lui n'eut aucun répit. Quand la première était relayée et qu'il tendait sa pelle, il n'y avait personne pour la lui prendre. Ils étaient 15 = 7 + 8. Huit qui travaillaient, sept qui se reposaient. Logiquement, il y en avait donc toujours un qui n'était pas remplacé, et c'était toujours Hans. Il s'en plaignit à Leib, qui échangea quelques mots en polonais avec les autres, qui se contentèrent d'éclater de rire.

Le chariot multipliait les allers-retours entre l'extérieur et l'intérieur du camp, où d'autres détenus de quarantaine étalaient le gravier pour remblayer les allées.

Hans était trempé. Il avait des ampoules aux mains à force de manier la pelle et les pieds écorchés aux endroits où les bords de ses chaussures à semelles de bois frottaient sur sa peau nue. Après avoir été bousculé pour la énième fois par les Polonais, il se dirigea vers le SS posté près du tas de gravier. Mais il n'eut pas le temps de se plaindre. Monsieur le *Sturmmann** ne souhaitait pas être dérangé. Il frappa Hans en plein visage, avec une fureur contenue. Hans encaissa et retourna à son travail, bousculé par le chef de baraque et hué par les Polonais.

Au sixième voyage, lorsqu'ils arrivèrent au camp avec le chariot plein, les autres commandos étaient déjà rentrés. Devant les baraques, les hommes étaient alignés pour l'appel. De partout on leur criait de se dépêcher et les menaçait du poing. Ils traînèrent leur chariot quasiment au pas de course, chaque SS devant qui ils passaient ne manquant pas de leur administrer quelques coups bien sentis.

Haletants, ils arrivèrent au Block de quarantaine. Ils abandonnèrent le chariot et se précipitèrent à l'étage. Dans les couloirs, les hommes étaient déjà rassemblés pour l'appel. Des injures venaient de partout ; et dans la chambre, les *Stubediensten**, les gars du service d'entretien, les frappèrent – comme s'ils avaient choisi de travailler plus longtemps !

L'appel dura. Ils continuèrent à attendre bien après l'arrivée du SS. Hans avait le vertige. Son cœur battait toujours aussi fort. Sa gorge restait nouée et ses pieds écorchés étaient si enflammés que les larmes lui montaient sans cesse aux yeux. Et s'il se relâchait un instant ou voulait s'appuyer au lit derrière lui, un « camarade » aussitôt le rappelait à l'ordre, d'une bourrade, pour lui dire de ne pas bouger.

Après l'appel, il fallut aller chercher du pain, ce qui signifiait refaire la queue qui semblait sans fin. Puis le pain et le café. Sur le pain, une lichette de confiture. Il la lécha. Il but le café, mais ne réussit pas à avaler le pain. Plus tard, quand il reprendrait ses esprits, il aurait faim. Il se déshabilla et s'allongea sur le lit. Le sommeil le submergea comme une délivrance, une libération de la sangle qui l'enchaînait au chariot. Maintenant qu'il était débarrassé de sa pelle, sa douleur était apaisée, son désir endormi. Il avait replongé dans le gouffre de la non-conscience.

Soudain, un cri, un choc : « *Alle aufstehen* ! » (Tout le monde debout !)

Qu'était-ce ? Un flot confus de pensées surgissait de l'abîme. Était-ce mère qui avait appelé ? Était-ce un incendie ? Était-il malade ? Avait-il de la fièvre ? Il pouvait à peine bouger. Puis l'évidence s'imposa, la réalité s'imposa. Le Russe qui partageait son lit le secouait comme un prunier.

« Contrôle des pieds ! »

Quoi encore ? Il s'était endormi, accablé de douleur et de fatigue. Il ne s'était pas lavé. On était au cœur de la nuit, et il avait les pieds sales. Mais il eut de la chance cette fois. Le SS était tellement ivre qu'il n'y voyait pas clair. Il passa devant Hans sans rien dire. Une demi-heure plus tard, Hans put se recoucher et s'endormit aussitôt.

Il n'était pas reposé le matin, à quatre heures. Tous ses muscles et toute la peau de son corps lui faisaient mal. Il espérait ne pas devoir retourner travailler. Vain espoir. Quand ils furent alignés, le gars du service de chambrée arriva avec une feuille de papier où étaient notés les numéros des gars du *Rollkommando**, et Hans en était à nouveau.

Cette fois, ce serait une journée complète. Onze heures durant, à charger du gravier, pousser du gravier, décharger du gravier. Avec parfois une variante : répandre le gravier sur la nouvelle portion d'allée, ou tamiser l'ancien revêtement. Puis se réatteler au chariot.

Hans se tenait à carreau. Il travailla inlassablement, malgré la sensation que son dos se déchirait, que la pelle entre ses mains était en plomb incandescent. Il marqua des points : quand les Polonais virent qu'il ne baissait pas les bras, ils se montrèrent progressivement un peu plus accommodants et, de temps en temps, l'un d'eux prenait sa pelle. Mais ces quelques minutes de repos lui étaient à peine bénéfiques, car quand il devait reprendre le travail, il était si raide que chaque mouvement réclamait un effort multiplié.

Pourtant, ce jour-là passa, et le suivant, et le quatrième aussi. Les jours se succédèrent sans beaucoup d'incidents. Un coup, une rebuffade, des injures. Mais qui irait les compter ? La fatigue et la douleur augmentaient continuellement, mais quelle importance ? Les écorchures de ses pieds suppurèrent bientôt. Le *Sanitäter**, l'infirmier, les badigeonna d'un peu de Sepso – un substitut d'iode –, mais à quoi bon ? Ses yeux s'étaient infectés à cause du sable et du soleil, mais qui s'en souciait ?

La seule fois qu'il se présenta au rapport des malades, l'infirmier se moqua de lui : « Pour quelques misérables petites égratignures ? »

Et puis cette faim ! Toujours cette faim ! Qu'est-ce qu'une ration de pain et un litre de soupe par jour ? Et quelle soupe ! De l'eau avec quelques betteraves, ou des navets coupés en petits dés. De temps à autre, une pomme de terre et demie par litre de soupe et encore, à condition d'obtenir le fond du tonneau que les gars du service de chambrée se réservaient, à eux et à leurs amis. Parfois, par chance ou grâce à un ami, tu mettais la main sur un litre supplémentaire, mais mieux valait ne pas le boire. Il valait vraiment mieux éviter trop de liquides, car après une ou deux semaines, les plus vieux – c'est-à-dire les hommes âgés de quarante à quarante-cinq ans – souffraient déjà d'œdèmes aux jambes. Et s'il attrapait un œdème en plus de ses blessures, celles-ci ne guériraient jamais !

Le cinquième jour – ils étaient occupés à tracter le chariot plein – se produisit l'incident ! Sur la gauche, depuis une allée latérale, arrivaient des détenues. Le chariot dut s'arrêter à cinquante mètres du croisement pour qu'il n'y ait pas de contact entre les hommes et les femmes.

Le souffle court, Hans regardait attentivement. Soudain, perdant tout contrôle, il s'écria : « Friedel ! » Arrachant sa sangle, il s'élança vers les femmes. À peine avait-il fait quelques pas que quelqu'un l'empoigna. C'était Leib, le Juif polonais, qui le ramenait à la raison.

« Espèce d'idiot, y vont te frapper jusqu'à ce que tu tiennes plus debout ! » Hans répliqua que ça lui était égal. « Mais elle aussi, ils la frapperont. » Devant cet argument, il capitula. Il jeta un coup d'œil anxieux au chef de baraque chargé de les surveiller, mais il n'avait rien remarqué : lui-même s'était avancé un peu pour reluquer les filles.

Cependant Friedel l'avait vu et lui faisait signe de loin, prudemment, avec de petits gestes de la main. Il avait l'impression qu'elle voulait dire : Je suis encore là, est-ce que tu penses parfois à moi ? Et il pensa : Bah, je suis si fatigué, trop fatigué pour penser à toi. Mais toi, tu dois penser à moi, car c'est seulement ainsi que tu pourras tenir le coup. Et il agita la main prudemment lui aussi, comme pour lui signaler qu'il avait compris le message, que oui, il pensait à elle et qu'il continuerait à se battre en gardant son image en mémoire.

Vinrent alors des jours plus durs encore. Le temps changea, se rafraîchit. Ce fut d'abord un soulagement. La peau vous cuisait moins, les muscles s'assouplissaient, et on s'essouflait moins vite qu'en période de canicule. Mais la pluie arriva aussi. Les vêtements n'en protégeaient pas : une veste et une chemise en toile. On était trempé jusqu'aux os.

Mais le pire était à venir. Au bout de deux jours de pluie, le chemin avait disparu. Il n'y avait plus jusqu'au tas de gravier qu'une succession de bourbiers et de buttes d'argile boueuse. L'eau vous arrivait au-dessus des chevilles. Les chaussures s'enlisaient et les roues s'enfonçaient jusqu'aux essieux dans la gadoue.

Pourtant, le chariot devait avancer. Et s'il restait coincé dans la boue avec son chargement de gravier, le bâton du chef de baraque savait y remédier. Et si le chef de baraque n'y parvenait pas, il y avait toujours un SS qui savait mieux s'y prendre. Il pataugeait jusqu'à eux dans la boue et donnait au premier venu un tel coup de botte au derrière qu'il en éclaboussait tout le monde de glaise.

Les hommes empoignaient alors les roues par leurs rayons et tiraient et tournaient. Le Sturmmann hurlait et frappait, et le chef de baraque riait, pour lui montrer combien il admirait son approche énergique. Et les prisonniers finissaient toujours par remettre le chariot en marche. Car s'ils étaient trempés et fatigués, une ou deux semaines de travail ne les avaient pas encore complètement épuisés. Et s'ils étaient tous couverts d'écorchures et de boursouflures à cause des raclées reçues, aucun n'était réellement blessé. Aussi, quand ils en avaient vraiment besoin, ils trouvaient encore des forces.

Mais ils savaient que les choses pouvaient changer. La veille, lors de l'appel, le *Blockführer**, le SS chargé de surveiller les baraques, n'avait-il pas frappé un jeune Tsigane si fort que sa joue avait éclaté ? Apparemment, le garçon ne se tenait pas assez droit. Après l'appel, ils avaient dû le conduire à l'infirmerie.

Presque chaque jour, ils entendaient parler de gens passés à tabac et blessés. C'est pourquoi ils redoublaient d'efforts. Face au SS furieux, chacun courait autant de risques que son voisin, et ainsi émergeait brièvement un sentiment de solidarité. Les Polonais encourageaient Hans, et Hans faisait de son mieux pour aider les Polonais. Ils ne sentaient plus la douleur des coups, rien que la volonté acharnée : ils dégageraient le chariot ! « *Hau ruck* ! « Oh, hisse ! »

Quinze paires de bras réussissaient là où deux chevaux auraient certainement échoué. Car pour l'instant, ils étaient encore forts, ils avaient encore des réserves. Qu'en serait-il dans une semaine, dans un mois, ruminait Hans, le soir, dans son lit. Il se sentait malade, il avait enlevé sa chemise humide, mais la fièvre le faisait frissonner sous la mince couverture qu'il devait partager avec deux autres détenus. Malgré la chaleur, malgré le nombre d'hommes entassés les uns sur les autres, il frissonnait. Qu'adviendrait-il de lui demain ?

Les Polonais qui étaient là depuis plusieurs semaines recevaient souvent des colis de leur famille, et les Russes de la nourriture, apportée par des amis du camp. Personne n'était aussi habile qu'un Russe pour trafiquer – organiser, comme on disait. Même avec dix SS en faction à l'entrée de la cuisine, un Russe ne reculait pas. Il ne reculait devant rien et réussissait toujours à voler des sacs de pommes de terre. Et il parvenait toujours à allumer en cachette un petit feu pour les faire cuire. Nulle part la camaraderie n'était aussi grande qu'entre ces Russes, qui avaient toujours un ami au Block de quarantaine avec qui partager leur butin.

Mais qui s'occupait de Hans ? Et des rares autres Hollandais en quarantaine ? Il avait déjà remarqué qu'au camp les Hollandais n'étaient pas très estimés. Juifs ou non, les Hollandais étaient jugés faibles et paresseux.

Peut-être à juste titre. Le Hollandais est un homme tranquille et pragmatique. Il n'est ni magouilleur ni trop zélé et ne se laisse pas facilement bousculer. D'ailleurs pourquoi être zélé dans son travail au camp ? Ou bien il s'agissait d'un travail inutile, auquel cas le zèle était stupide, ou bien il s'agissait de l'industrie de guerre, et la paresse alors était un devoir.

Cela expliquait pourquoi presque aucun Hollandais n'occupait une place au camp où il était possible d'« organiser » quelque chose. Aucun ne travaillait à la cuisine ou au magasin, et – à l'exception de Leen Sanders peut-être – les rares qui avaient quelque chose montraient vraiment peu d'esprit communautaire.

À deux ou trois reprises, Friedel lui fit parvenir du pain en douce. Cela fut pour lui comme une bénédiction. Mais était-ce vraiment un remède contre la faim, contre le travail ? Combien de temps tiendrait-il ?

Au bout de trois semaines, ce fut la surprise. Il était encore très tôt et Hans remâchait pour la troisième fois la tranche de pain qu'il avait gardée de la veille, quand le secrétaire de la baraque entra et appela des numéros. Dont le sien.

Les quatre appelés attendirent dans le couloir et, après le départ des commandos, se rendirent au Krankenbau. Au Block 21, toute une troupe les attendait déjà.

Hans engagea la conversation avec un petit vieux. Il avait l'air gras, mais en regardant mieux, on voyait à quel point il était œdémateux. Ce n'était pas de la graisse mais de l'eau ; il avait un gros furoncle au front. C'était le Dr Cohn, un dermatologue qui travaillait depuis un mois dans un Strassenbaukommando. C'était déjà la troisième fois qu'il se présentait au médecin-chef du camp et il était convaincu que, cette fois encore, ce serait en vain, qu'il serait renvoyé au terrassement.

Hans était plus optimiste, et la suite lui donna raison. Après quelques brèves questions sur sa formation, il sentit que l'affaire était dans le sac. Eh oui, retour au Krankenbau, eh oui, une seconde chance. Fini le chariot, le terrassement, le travail abrutissant, les journées entières sous la pluie. Malgré ses mains rugueuses – il n'était plus capable d'écrire un mot –, malgré ses blessures aux pieds, malgré son dos qu'il ne pouvait ni plier ni étirer, c'est plein de courage et de combativité que Hans réintégra *l'Aufnahme* (l'accueil) du Block 28.

Peut-on imaginer s'ennuyer dans un camp de concentration ? Hans s'ennuyait. Il n'y avait pas de travail pour eux au Block 28. Ils devaient attendre d'être affectés aux différentes cliniques où on avait besoin d'infirmiers.

Hans aurait voulu en profiter pour récupérer un peu, traîner au lit le matin, sortir un moment sous le soleil automnal de midi. Mais c'était impossible. Dans un camp de concentration, le « *Bewegung* », le « mouvement », était un principe. Même s'il n'y avait rien à faire, il fallait toujours bouger.

Le matin, se lever au coup de gong, se laver et s'habiller, et commencer les corvées quand sonnait le gong du travail trois quarts d'heure plus tard. Les services de chambrée lavaient les sols. Interdiction de les aider, sinon ils n'auraient plus de travail et risquaient d'être envoyés à l'extérieur dans Dieu sait quel *Aussenkommando**, pour faire un travail harrassant.

Bon alors, nettoyer les vitres. Tu t'y mettais, dès six heures du matin, avec un bout de journal ou n'importe quel vieux papier. À midi, quand arrivait la soupe, tu avais nettoyé deux carreaux. Tu avais travaillé trop vite ? Alors, tu les resalissais et repartais de zéro.

Et malheur, si le chef de baraque ou un SS arrivait dans les parages et ne te voyait pas frotter avec application. Se prendre une engueulade ou une baffe était alors le minimum, tu pouvais aussi t'entendre dire qu'ils n'avaient pas besoin d'infirmiers paresseux et te faire envoyer pointer le lendemain matin « à l'horloge ». C'est-à-dire au deuxième gong du matin, au rassemblement à l'extérieur des baraques, pour être affecté à l'un ou l'autre commando. Aussi frottais-tu énergiquement tes vitres.

Pourtant Hans était très content. Ce travail était ennuyeux, rester debout toute la journée s'avérait fatigant, mais pas épuisant. Au Krankenbau, la soupe était souvent de meilleure qualité qu'au Block de quarantaine et il y avait généralement un petit demi-litre de rab, car de nombreux infirmiers polonais, recevant d'énormes colis, ne touchaient pas à cette soupe.

Au camp, en général, l'appel durait une éternité. Les hommes restaient parfois deux heures ou plus sous la pluie. Le Krankenbau avait son propre comptage, liquidé en quelques minutes. Et après l'appel, tu pouvais aller dormir, ou marcher, ou faire autre chose, ce que tu voulais. Il n'y avait pas de contrôle des pieds ou d'autres plaisanteries du genre. Les infirmiers étaient censés savoir veiller à leur hygiène.

C'était vivable. Et le plus important pour Hans : il avait de nouveau des contacts avec Friedel. Les soirées raccourcissaient ; à la nuit tombée, il trouvait généralement quelqu'un pour venir faire le guet.

C'est ainsi qu'il lui arrivait souvent, le soir, de parler quelques minutes avec elle à la fenêtre.

« Friedel, ne me donne plus de nourriture, j'ai chaque jour un petit rab de soupe.

– Elle te nourrit, cette soupe ?

– Aujourd'hui, j'ai gagné une ration de pain. J'ai lavé des sous-vêtements pour un gros Polonais. »

Friedel caressa nerveusement ses cheveux ras. Ils se turent. Derrière elle, des cris résonnèrent dans la pièce. « C'était la secrétaire de notre baraque, lui rapporta-t-elle peu après, elle avait remarqué quelque chose mais n'a pas vu que c'était moi qui parlais.

– Comment ça va par chez vous ?

– Bah, mon chéri, nous ne travaillons pas. Nous recevons du rab de nourriture, juste comme les travailleurs de force. C'est donc très supportable, mais...

– Mais quoi ? insista-t-il.

– Tout est tellement sinistre ici. Il y a eu cette histoire avec ces filles grecques. Je ne sais pas quoi exactement. Elles ont été brûlées de l'intérieur. Elles étaient quinze. Elles ont terriblement souffert après le traitement. L'une d'elles est morte.

– Ils ne vont pas te faire, à toi aussi, une chose pareille ?

– Ces expériences-là semblent terminées. Ces dernières semaines, un certain Pr Schumann, un gros Boche, traînait tout le temps ici, mais je ne le vois plus. Je crois qu'ils ont recommencé ailleurs, un truc avec des injections par le bas.

– Ils ne te prendront pas pour ça ?

– Peut-être pas. Maintenant, je suis infirmière dans la salle des Hollandaises et on laisse le personnel relativement tranquille. »

Une fois encore, il fallut mettre un terme à la conversation, car le sifflement bien connu retentissait dans le camp.

Chaque soir, le Rapportführer venait au camp. C'était vraiment un homme dangereux, cet *Oberscharführer** Claussen. Il se baladait toujours avec une cravache. Si on le croisait et qu'on s'en tirait avec un seul coup, on pouvait s'estimer heureux. Quand il entrait dans le camp, un sifflement aigu retentissait en guise d'avertissement. Tous ceux qui l'entendaient le répercutaient, et Claussen avait beau s'énerver, il n'arrivait jamais à prendre un siffleur sur le fait, ce qui ne l'empêchait pas d'assouvir sa colère. Malheur à toi s'il trouvait quelque chose à redire à ta tenue, si tes cheveux étaient trop longs, si tu ne l'avais pas salué avec assez de raideur, si tu riais, ou tout simplement si tu ne lui plaisais pas. Pas un soir ne passait sans qu'au minimum un homme soit tabassé, ce qui était très raisonnable, en comparaison par exemple de Birkenau ou Buna, qu'on appelait aussi Auschwitz III.

Ici, c'était Auschwitz I, le camp modèle. Les baraques étaient en pierre, il y avait des lits pour tout le monde. Ici, on avait de grands entrepôts, où chacun pouvait trouver un petit supplément à voler. Ici, c'était l'hôpital modèle. Vraiment, la situation à Auschwitz I n'était pas représentative d'Auschwitz en général. C'est ce que lui raconta un gars avec qui Hans parla un soir. Arrivé le mois précédent en même temps que Hans, il était allé à Buna avec 228 autres. Cette gigantesque zone industrielle était à deux heures de marche et partout, on construisait encore.

La plupart des détenus étaient là pour poser des câbles, mais certains étaient affectés au commando béton. Ce n'était pas facile de transporter toute la journée des sacs de 75 kilos de ciment, au pas de course bien entendu. Hans essaya d'imaginer comment on se sentait le soir. Il fallait se coltiner les sacs sur plus de cent mètres, entre les wagons sur les voies étroites et les bétonnières, et tous les dix mètres était posté un kapo ou un SS qui frappait à qui mieux mieux, pour maintenir la cadence. Il y avait eu un mort dès le premier jour.

Hans se souvenait-il de Plaut ? L'infirmier diplômé qu'ils avaient connu à Westerbork, un homme capable ? Il avait été la victime d'un stratagème éculé. Des gardes s'étaient postés aux quatre coins de la zone où travaillaient les détenus, délimitant ainsi un carré dont ils n'avaient pas le droit de sortir. Le SS à côté de la bétonnière avait ordonné à Plaut d'aller chercher une caisse à l'extérieur du carré autorisé. Voyant Plaut hésiter, il lui avait donné un coup de pelle sur la tête. Alors, Plaut n'avait pas eu le choix et y était allé. Mais dès qu'il avait franchi la ligne interdite, les gardes l'avaient abattu.

« N'en parle pas à sa femme. Elle est ici au Block 10. Le lendemain, c'était le vieux Jacobson, un homme de quarante-cinq ans, ce qui est très vieux par ici. L'après-midi, par une chaleur étouffante, au pas de course sous son sac de 75 kilos, il s'est tout bonnement effondré. Quiconque s'approchait pour l'aider était chassé à coups de bâton. Au bout d'une demi-heure, quelqu'un a été autorisé à aller le voir. Il était mort.

« On voulait enterrer son corps, mais ils nous l'ont interdit. Car le matin, en quittant le camp, il avait été compté, alors au retour il ne devait pas manquer. Nous avons donc traîné son cadavre à l'appel du soir. En cinq semaines, vingt des nôtres sont morts et ça va s'accélérer, car tout le monde est épuisé ou blessé.

« Et pas plus tard qu'hier, Joop van Dijk. Il était pourtant solide. Mais il était tellement chargé qu'il s'est arrêté un instant pour reprendre son souffle. Le garde l'a surpris. Il l'a frappé avec la crosse de son fusil, puis, alors qu'il était à terre, il lui a donné des coups de pied dans la tête. Et Joop est resté là, inanimé. Il a dû mal tomber parce que le soir, quand on a voulu l'emmener, il n'avait pas repris connaissance.

« Il saignait de l'oreille. Et personne ne pouvait l'aider. On devait aller à l'appel. Là, il a un peu repris ses esprits, il a gémi et demandé à boire. L'appel a duré plus de deux heures. Quand on a pu rompre les rangs, on l'a transporté à l'hôpital. Ce matin, il était mort.

– Comment tu t'es retrouvé ici ? demanda Hans.

– Hier soir, je me suis présenté à l'hôpital. J'avais mal à la gorge et de la fièvre. Ils ont dit que j'avais la diphtérie, et les malades contagieux ne peuvent pas rester là-bas. J'ai donc été transporté ici, à l'hôpital central. Je suis bien content. À Buna, l'hôpital est horrible. Les lits sont sur trois étages, comme ici, mais ils mettent les plus malades en haut, pour qu'ils aient plus d'air, paraît-il. Cette nuit, au-dessus de moi, il y avait un patient atteint de dysenterie avec une forte diarrhée. Toute la nuit, il a réclamé un pot, mais naturellement il n'y avait personne pour l'aider. Il a donc fait sans arrêt dans son lit. Le matin, ça a commencé à percer. Je me suis glissé le plus possible sur le côté pour ne pas être couvert de chiasse. Quand le Pfleger est arrivé et qu'il a vu le tableau, il a frappé le bonhomme. En pleine figure, au moins cinq fois. Le Pfleger est gros, il distribue la soupe et se réserve le fond du tonneau. Si quelqu'un meurt – on compte deux ou trois morts par jour –, il ne mange pas son pain. Idem en cas de transfert dans un autre département ou un autre hôpital. Mon pain de ce soir, c'est ce Pfleger qui le bouffera. Enfin bon, de toute façon, j'aurais eu trop mal à la gorge pour l'avaler.

– Tu as donc de la chance d'avoir la diphtérie.

– Pas sûr, je crois savoir qu'à l'hôpital d'Auschwitz, avec la diphtérie, tu es bon pour la chambre à gaz, direct. »

Non, ça, Hans ne le croyait pas. Certes, le médecin-chef du camp venait de temps en temps, mais on n'emmenait quand même pas les jeunes gaillards vigoureux.

« Tu peux te renseigner sur ma femme ?

– Tu as des enfants ?

– Non.

– Alors elle sera sûrement, comme toutes les femmes de notre convoi, au Block 10. La journée, c'est trop dangereux ; je peux essayer demain soir. Comment t'appelles-tu déjà ?

– Tu ne te rappelles pas ? Boekbinder, le leader sioniste. »

Hans s'en souvenait, et ils discutèrent encore un peu du sionisme et de sujets de ce genre. Ce n'était pas parce qu'il était dans la merde qu'il allait se renier. Hans n'était pas sioniste. « Il n'y a pas de problème juif, mais seulement des problèmes et des conflits sociaux généraux, qui se répercutent sur les Juifs. Une fois ces problèmes résolus, la question juive cessera automatiquement d'exister.

– Mais les Juifs qui restent attachés à leur religion et leurs traditions constitueront toujours un élément étranger.

– Même si c'est le cas, qu'est-ce que ça change ? En Russie, des dizaines de peuples, grands et petits, vivent côte à côte sans conflits, chacun avec sa culture. »

Mais la conversation ne menait à rien, et Hans fut soulagé quand le gong sonna neuf heures et qu'ils allèrent dormir.

Les malades de diphtérie dormaient dans la même chambre, la salle d'admission, que les infirmiers de réserve. Quelle importance, d'ailleurs ? La fin serait la même pour tous de toute façon. À moins que les Alliés ne débarquent brusquement. Qui serait encore en vie à ce moment-là ? Tout ça durait depuis tellement longtemps, depuis trop longtemps. Et voilà que réapparaissait cette boule d'argile qui roulait dans sa tête de manière incontrôlable, comme un golem, raisonnant à n'en plus finir sur la vie et la mort. Mais Hans connaissait maintenant la formule magique pour conjurer ce golem. Elle tenait en un nom : « Friedel ». Quand elle était là, le golem se taisait. Il évoquait son image et la boule d'argile s'étiolait, se ratatinait.

Le calme se fit en lui. La peur et le doute disparurent pour ne laisser place qu'à un désir muet. C'est ainsi qu'il s'endormit.

Il était depuis deux semaines au Block 28 quand un midi arriva le message « *Alle Reservepfleger antreten* » : « rassemblement de tous les infirmiers de réserve ».

Qu'est-ce qu'on leur préparait ? Le chef de baraque entra dans la salle d'admission avec un détenu correctement vêtu, un personnage important, un vrai « notable », qui portait une veste en toile noire et un calot noir, son pantalon rayé était en tissu de laine. Comme ceux de tous les privilégiés.

Les deux hommes discutèrent un peu, puis l'inconnu déclara « qu'il lui en fallait cinq ».

« Prends-en six, conseilla le chef de baraque, sinon je ne m'en débarrasserai pas. »

Ils choisirent six garçons. Quatre étaient hollandais : Hans, le jeune psychologue Gerard Van Wijk, Tony Haaksteen, interne en médecine, et Van Lier, le médecin débutant. Ils durent rassembler leurs affaires et l'inconnu les emmena. C'était le nouveau doyen du Block 9. Il se montra aimable et raconta aux garçons qu'il avait déjà passé neuf ans en camp de concentration. Communiste, il avait été arrêté l'année de l'ascension d'Hitler au pouvoir. Il avait maintenant cinquante ans.

« Bah, c'est supportable, pourvu qu'on s'habitue un peu à la vie du camp. Savez-vous que quatre-vingt-dix pour cent des détenus crèvent la première année ? Mais après avoir traversé ça, le reste passe aussi. On s'habitue à la nourriture, on se dégote de meilleurs vêtements et une fois qu'on est *Alter Häftling**, même les SS ont un peu de respect pour nous.

– Vous ne voulez donc pas repartir d'ici ? demanda Hans.

– Vouloir est une chose. Dehors non plus, c'est pas très drôle. Je suis menuisier, est-ce que je vais me remettre à travailler pour un patron, à mon âge ? Au camp, je suis mon propre patron.

– J'aurais dit que les SS étaient les patrons.

– Bah, ce sont tous des morveux. Ils portaient encore des couches quand j'étais à Oranienburg, qui n'est plus un camp d'ailleurs. Maintenant, c'est un sanatorium. Vous êtes hollandais, non ? J'ai déjà eu affaire à des Hollandais. C'était, voyons un peu, en 1941, à Buchenwald. Quatre cents Juifs hollandais. J'étais doyen du Block de quarantaine. Ils sont restés trois mois chez moi et s'étaient déjà un peu adaptés. Je veillais à ce qu'ils ne travaillent pas trop dur. Dans le fond, c'étaient de meilleurs gars que ces Polonais et consorts. Puis tout le groupe est parti soudain pour Mauthausen. J'ai appris plus tard qu'ils s'étaient retrouvés dans les carrières de gravier. Toute la journée, à monter la colline au pas de course avec des bacs de cailloux. Le plus coriace a tenu cinq semaines. »

C'était exact. Hans se souvenait avoir entendu cette histoire à Amsterdam. En février, Koot, un membre de la WA[1], avait été battu à mort dans le quartier juif. La Grüne Polizei avait alors raflé quatre cents garçons. Les premiers avis de décès avaient suivi quelques mois plus tard. Puis ça avait été le silence radio.

Entre-temps, ils étaient arrivés au Block 9. Ils durent attendre un moment dans le couloir puis entrer dans la chambre 1.

Derrière la table était assis un petit homme trapu. Il portait un triangle rouge marqué d'un P, autrement dit, c'était un prisonnier politique polonais. Il avait une grosse tête ronde, sa bouche était dure, mais son regard était bonasse, légèrement absent. Il jouait nerveusement avec un crayon. Il en avait sûrement déjà beaucoup vu, et devait lui aussi être au camp depuis longtemps.

Un à un, les garçons se présentèrent à lui car ce serait lui qui, au titre de remplaçant du Blockältester et de doyen des médecins, répartirait le travail.

1. *Weerbaarheidsafdeling*, groupe de défense, l'aile paramilitaire et bras armé du NSB (Mouvement national-socialiste), le parti nazi néerlandais. (Note de l'éditeur.)

Tony Haaksteen passa le premier. Était-il médecin ? Il essaya d'éluder la question. Le *Blockartz** lui demanda alors son âge : vingt-deux ans. Autour, il y eut des rires et certains marmonnèrent des commentaires du genre « ces stupides Hollandais », entre autres. Puis ce fut au tour de Gerard Van Wijk. Il expliqua qu'il avait étudié la médecine mais était maintenant psychologue. Ce que ne comprit pas trop le Blockartz. Était-il psychiatre alors ? Gerard n'osa pas le contredire.

« Alors, tu vas chambre 3, chez ton compatriote Polak qu'ils n'ont pas pu utiliser à Buna. C'est là que sont les fous. »

Hans eut l'impression qu'on lui coupait l'herbe sous le pied. Il avait passé deux ans comme assistant en psychiatrie et était beaucoup plus psychiatre que Gerard, le théoricien. Mais tenter de se mettre en compétition avec lui n'était pas juste. Gerard n'avait peut-être une chance de s'en sortir qu'en tant que « psychiatre ». C'est pourquoi Hans préféra se qualifier d'interniste.

« Bon, dit le chef. Toi, tu restes dans cette chambre. Voici le médecin des admissions, le Dr Ochodsky. Tu pourras un peu l'aider. » Le tour de Van Lier ne vint jamais. Le Blockälteste du 28 avait déjà raconté à son nouveau collègue du 9 que Van Lier souffrait d'une blessure au pied. Il devait donc séjourner dans une salle de malades jusqu'à ce que sa blessure guérisse.

Hans était ravi. « Aide du médecin des admissions », ça devait être un bon job.

Les rapports à l'intérieur du camp étaient encore une énigme pour lui. Qui pratiquait la médecine ? Des garçons de dix-huit et vingt ans qui régnaient en maîtres à la clinique, distribuant les médicaments en échange de cigarettes et de margarine, et pas à ceux qui en avaient besoin mais à ceux qui avaient les moyens de payer.

Qui étaient les chefs au Block 9 ? Pas le Blockältester ni le Blockartz, mais l'intendant et ses acolytes : des Polonais brutaux et un Russe.

Et le travail médical ? Le Dr Ochodsky, un brave type, ne faisait pratiquement rien. On comptait une dizaine d'admissions par jour, et Ochodsky disait dans quelle chambre envoyer les patients. Ça lui prenait cinq minutes ; le reste de la journée, il restait couché sur son lit. Si le portier sonnait le gong, il savait qu'un SS approchait et se mettait aussitôt à examiner un patient. Non, du travail médical, il n'y en avait pas beaucoup, mais on avait de quoi s'occuper à d'autres tâches. Pourtant le Block 9 avait un autre avantage inestimable. Il ne faut pas être grand clerc pour savoir qu'après le 9 vient le 10 !

Il était quatre heures et demie. « Debout ! Gong ! » cria le veilleur de nuit en allumant la lumière dans la salle du personnel. Ils se redressèrent presque tous comme un seul homme. La veille, Paul avait grondé si fort quelques détenus qui avaient traîné au lit cinq minutes après le gong qu'aujourd'hui personne n'osait se retourner une dernière fois sur sa paillasse. Seul Gerard restait allongé.

« Lève-toi, fiston ! T'as envie de te coltiner des marmites une semaine de plus ?

– Bah, Hans, j'y arrive pas, j'ai si mal dormi. Y a pas un brin de paille dans ma paillasse, et j'ai tellement toussé.

– Cette toux est une assez sale affaire, mais c'est de ta faute si t'as pas de paille. Hier, il y en avait cinq balles près du Block 21. »

En effet, Gerard n'était pas particulièrement entreprenant. Il se laissait pour ainsi dire tondre comme un mouton. Mais qu'attendre d'un tel garçon ?

Brave petite famille bourgeoise, père fonctionnaire. Ils n'avaient jamais tiré le diable par la queue, n'avaient pas eu à se battre pour subsister. Comment un tel garçon pouvait-il se défendre contre tous ces Häftlingen ? C'était un sacré ramassis de traficoteurs, voleurs et asociaux, ces détenus parmi lesquels on passait ses journées. Et les quelques prisonniers politiques polonais qu'il y avait aussi étaient depuis si longtemps au camp qu'ils en étaient considérablement endurcis.

Gerard et Hans en firent à nouveau l'expérience quand, après s'être levés en hâte et à moitié habillés, ils se retrouvèrent dans le couloir.

« Ne restez pas dans le passage, foutue engeance, misérables Hollandais. » Kuczemba, l'intendant, leur balança une bourrade : c'était sa façon de dire bonjour. Ensuite, ils durent se rendre au trot à la cuisine et surtout dégoter un grand tonneau de thé. Si tu revenais avec un petit, tu te faisais engueuler comme du poisson pourri ou te faisais renvoyer à la cuisine, et si tu rappliquais avec un grand tonneau, on en jetait la moitié. De la lavasse bouillie. Tu en obtenais toujours plus que ce que les patients pouvaient avaler. Huit détenus se précipitèrent donc par deux à la cuisine où attendaient déjà vingt hommes venus des autres Blocks.

Il y avait du grabuge. L'Unterscharführer venait d'attraper un Russe qui « organisait » des pommes de terre. Non content d'avoir frappé le Russe au sang, il s'était aussi occupé de quelques cuistots et du portier. L'ambiance n'était donc pas des plus cordiales, ce matin-là, à la cuisine. C'est pourquoi ils ne furent pas autorisés à entrer, mais durent attendre dehors que le thé soit versé dans les tonneaux.

Il faisait froid, de la neige tourbillonnait dans la cour, et ils avaient déjà les pieds mouillés. Ils ne tarderaient pas à être trempés jusqu'aux os. Ce n'étaient pas leur chemise et leur petite veste en toile qui les protégeraient de l'humidité. Ils se pressaient contre le mur chaulé dont la gouttière les abritait encore un peu de la neige quand revint l'Unterscharführer.

« Que fabriquez-vous là, sales porcs ? Au garde-à-vous ! » Gerard, qui ne se glissa pas assez vite dans la queue, reçut un bon coup de pied dans la cheville. Un simple coup de pied certes, mais comment allait-il porter son tonneau maintenant ? Enfin, qui s'en souciait ?! Ainsi le Dr Van Dam et le jeune psychologue Van Wijk étaient là, transis de froid, dans le matin gris et humide de novembre.

« Pourquoi devons-nous attendre si longtemps ? demanda Gerard.

– Demande-toi plutôt pourquoi nous avons dû quitter si tôt le baraquement. Tu devrais le savoir maintenant : « *Bewegung, Bewegung, los, Eile !* » Faut bouger, bouger, allez, vite ! C'est par principe qu'ils te harcèlent, pour te faire gaspiller un maximum d'énergie. »

Au bout d'une demi-heure, ils finirent par entrer dans la cuisine. Les marmites brûlantes dégageaient de la vapeur. L'air chaud et humide qui traversait les vêtements revigora un peu les hommes. À côté des marmites se tenaient les cuistots dans leurs costumes d'un blanc douteux. De grands Polonais, très musclés, des types qui avaient la langue bien pendue. Il ne fallait pas trop s'approcher d'eux, ils étaient depuis des heures sur la brèche, excités, énervés.

Voilà que revenait le kapo. « *Du Drecksau*, espèce de fumier, tu en balance la moitié à côté ! Tu veux que je t'écrase la gueule dedans ?! »

Le Polonais haussa les épaules. Le kapo était un prisonnier allemand marqué d'un triangle vert, signe distinctif des criminels. Il avait peut-être cinq meurtres sur la conscience, mais avait été désigné comme surveillant par la SS, il valait donc mieux tout supporter sans broncher.

Hans et Gerard choisirent un tonneau sous lequel ils glissèrent les portants métalliques. Apercevant un tonneau de sel, Hans se souvint que Friedel lui avait demandé de lui en procurer un peu. Au moment où il en glissait une poignée dans sa poche, un jet d'eau froide le frappa au visage. Un cuistot qui nettoyait sa marmite au jet l'avait surpris en flagrant délit.

Voilà qu'il était trempé par-dessus le marché. Mais bah, à cela aussi, il survivrait. Il regarda le cuistot et lui sourit un peu bêtement. Que répondre à une telle douche ? Riposter ? Une folie ! Le cuistot était beaucoup plus fort que lui, bien nourri et de surcroît dans son bon droit. Si on surprenait quelqu'un en train d'« organiser », on était autorisé à lui appliquer sa punition sur-le-champ.

Ils soulevèrent leur marmite et se traînèrent hors de la cuisine. Au bout de vingt-cinq mètres, Gerard dut poser la marmite. Il n'était pas costaud, c'était un garçon délicat, inapte au travail physique, et la marmite pesait plus de cent kilos. C'est donc cahin-caha qu'ils arrivèrent au baraquement. Il devait être environ six heures. Le Blockälteste était le seul à avoir une montre, mais on avait la notion du temps. Dans une heure, le Block 10 ouvrirait et il y avait encore beaucoup à faire.

Janus, le chef de chambrée, avait déjà commencé à laver le sol quand Hans entra. C'était une petite salle. Cinquante-huit malades, rien que des Polonais et des Russes, des « Aryens ». Ils étaient couchés dans des lits à trois étages. Celui d'en haut avait le plus de chaleur, celui d'en bas le plus de poux. Car si les poux sautent bien, la pesanteur les fait toujours retomber. C'est pourquoi en haut se trouvaient les « notables » : des personnalités polonaises connues, souvent porteuses de titres et de décorations. Des prisonniers politiques, hautement estimés par leurs codétenus. En bas se trouvaient les gens du commun, paysans et travailleurs, qui avaient égorgé clandestinement un porc, injurié un soldat allemand ou, souvent, ne savaient même pas de quoi ils s'étaient rendus coupables.

Ce n'était pas facile pour Hans de vivre au milieu de ces détenus. Les premiers étaient très exigeants, refusant souvent de se soumettre à la discipline du camp, de se lever à cinq heures pour aller se laver, voulant conserver de la nourriture dans leur lit et se vexant à la moindre remarque, comme quand on leur reprochait de jeter par terre leurs pelures d'oignon et autres saletés.

Quant aux autres, qui couchaient dans les étages intermédiaires et inférieurs, ils ne faisaient pas mystère de leur antisémitisme. Hans était ravi de ne pas comprendre ce qu'ils disaient sur lui. Mais il sentait leur animosité. Sans trop s'en soucier quand même. D'ailleurs, était-ce important ?

Il jeta un coup d'œil par la fenêtre et vit arriver du Block 19 les gars qui transportaient les tonneaux de thé pour le Block 10. Heureusement, Janus n'était pas un mauvais bougre et laissa passer Hans, qui se précipita dehors. Pourvu que le chef de baraque ne pointe pas le bout de son nez. Non, la voie était libre. Un Grec du Block 19 céda son tonneau à Hans. Celui-ci était content et le Grec aussi. Nerveusement, Hans monta en trébuchant les marches du Block 10.

Le couloir semblait désert mais, à bien y regarder, une femme, une enfant encore, épiait les hommes à la dérobée. Elle s'enfuit au moment où la gardienne apparut. Ils apportèrent leur tonneau au pied de l'escalier qui menait à l'étage. De nombreuses femmes s'y pressaient déjà, se bousculant pour avoir du thé. Une grosse Slovaque, la commandante de salle, leur barra le passage.

« Personne ne descend ! Allons, remontez, stupides truies ! » Elle repoussa les femmes vers le haut, en les frappant. Ce qui inquiéta Hans. Comment allait-il accéder à Friedel maintenant ? Il aperçut alors Betty, qui le vit elle aussi et se précipita en haut. La bousculade n'en finissait pas, et la gardienne criait : « Les hommes, dehors, ouste, ouste ! » Il ne verrait pas Friedel, non – mais si ! La voilà qui arrivait.

Elle se fraya un passage à travers la cohue et tomba sur la Slovaque qui bloquait l'escalier. Hans bondit vers elle : « Ma femme, laissez-la, une minute. » La Slovaque ôta sa main de la rampe et Friedel enjamba les dernières marches.

Il lui empoigna la main. Elle aurait voulu l'embrasser mais il avait peur. Ils restèrent un instant sans rien dire. Elle fut la première à se ressaisir.

« Hans, du nouveau ?

– Friedelette, non, rien.

– Tu as assez à manger, Hans ?

– Oui, je peux t'apporter du pain si tu veux. Un Polonais m'en a donné de son colis.

– Non, mon chéri, mange-le. Tu travailles dur, moi, je ne fais rien de toute la journée. Seulement attendre et attendre. Et encore, j'ai de la chance, d'autres... » Elle se tut brusquement.

« Quoi ? » insista-t-il.

Elle jeta nerveusement un coup d'œil à la ronde. « Hier, Loulou et Ans ont reçu une injection. »

Il se mordit les lèvres. Il comprenait la nervosité de sa femme. Personne ne savait exactement ce qu'étaient ces injections, mais elles étaient clairement horribles.

Friedel raconta qu'Ans surtout avait horriblement mal au ventre. Elle avait saigné toute la nuit. L'hémorragie avait été accompagnée de crampes, dix fois plus que lors d'un saignement normal. Maintenant, elle était au lit, épuisée, dans un état pitoyable, et la semaine prochaine elle devait à nouveau se rendre chez le professeur.

Ils se turent tous les deux. Mais dans leurs yeux se lisait la peur qu'elle subisse aussi ce traitement.

C'est alors qu'arriva la gardienne. Elle avait désappris à parler depuis qu'elle était au camp, elle ne savait plus que crier. C'est d'ailleurs pourquoi c'était une bonne gardienne. « Dehors ! Tu es fou ? Tous les hommes sont partis. Vite, vite, si la surveillante arrive, ça me retombera dessus ! » Elle criait si fort que la surveillante finirait forcément par arriver, mieux valait donc partir.

Friedel fut incapable de se maîtriser davantage. Elle se serra contre lui et l'embrassa, elle l'embrassa, et il l'embrassa à son tour. Dans tous ses états, la gardienne menaça d'appeler la *Blockowa**, la cheffe de baraque. Hans dut repousser sa femme et se forcer à rester calme.

« Friedel, sois courageuse.

– Je suis courageuse, mais c'est tellement horrible pour ces filles.

– Je comprends, mais ça ne durera pas éternellement.

– Combien de temps encore ?

– Je ne sais pas, ma chérie, tout va s'arranger. »

Que pouvait-il dire d'autre, que pouvait-il présager à part cela ? Friedel était une femme en or, mais l'or pur est un métal tendre, et si elle avait été en acier, toute cette souffrance n'aurait pas si facilement laissé de traces en elle.

Il s'en alla. Ou plutôt il eut l'impression de s'enfuir tant il se sentait impuissant à la réconforter. À quoi serviraient ses mots face à de tels actes ? Hans ne comprenait qu'à moitié ce qui se passait au Block 10 et dans quel but. La stérilisation à grande échelle n'était-elle pas un point du programme des Allemands ? N'avaient-ils pas prévu de stériliser tous les Juifs, les Polonais, les Russes, et peut-être d'autres peuples encore ? Que pouvaient être ces expériences gynécologiques sinon des tentatives de stérilisation ? Les femmes juives étaient des cobayes bon marché. On ne pouvait que se réjouir de leurs souffrances et si elles en crevaient, ça ferait peu de différence. C'est avec de telles pensées en tête qu'il revint au Block 9.

L'accueil au Block 9 ne fut pas chaleureux. Paul, le chef de baraque, attendait Hans dans le couloir et se mit à jurer comme un fou en le voyant entrer.

Il déroula tout son répertoire : « *Himmel, Arsch und Zwirn, Herrgott Sakrament, du verfluchter Idiot*, bordel de nom de Dieu, sacrebleu, putain d'abruti, ça s'en va tout bonnement pendant le travail. T'es sûrement allé au bordel d'à côté. Je pige pas comment y peuvent installer un truc pareil dans un KZ convenable. À Buchenwald, moi, j'ai pas vu un jupon en cinq ans, j'te jure, jusqu'à ce qu'ils ouvrent le *Puff**. »

Zielina, le médecin-chef qui se tenait à côté de lui, lui donna une bourrade. « Mais ensuite tu y étais sûrement chaque jour !

– Qu'est-ce que tu vas imaginer ?! J'y suis pas allé une seule fois. Je suis un communiste, oui, un foutu porc de rouge, mais tu me trouveras jamais chez les putes. Du reste, à Buchenwald, aucun prisonnier convenable n'y allait. Y faut pas croire que là, t'aurais vu un triangle rouge, un politique, entrer au Puff. Je pige pas ce qu'ils ont ici à Auschwitz, tous ces faibles. À faire la queue toute la soirée.

– La nourriture est bonne ici, ironisa Zielina.

– Mais pour en revenir à ce misérable efflanqué de mes deux, reprit Paul contre Hans, je rirai bien le jour où le Rapportführer te tombera dessus. Tu sais donc pas ce qu'ils ont fait à Florek, le barbier ?

– Non.

– Florek était devant la fenêtre de ces madames du Block 10, occupé à conter fleurette à l'une d'elles. Tu le connais, le Florek, avec ses inévitables histoires cochonnes et ses inévitables gestes cochons. Et voilà que rapplique Kaduk, le deuxième Rapportführer. Il l'attrape par la peau du cou, en fait une boulette de viande hachée et l'emmène au Blockführerstube. Là, il annonce à Heissler, le Lagerführer : vingt-cinq sur le postérieur. Ration qu'il a reçue illico – au bunker, avec le nerf de bœuf.

– C'est quoi, ça ?

– Exactement ce que je dis, un nerf de bœuf séché, un instrument de correction germanique de première classe. Florek a dû rester couché trois jours sur le ventre. Il n'ose pas encore trop s'asseoir, pourtant ça fait déjà deux semaines.

– T'as jamais entendu parler du "pays des vingt-cinq" ? le coupa Zielina. C'est comme ça qu'on appelle l'Afrique orientale allemande. Pour ces nègres, la punition habituelle était de vingt-cinq coups de bâton ou de fouet. C'est ce qui a valu ce sobriquet à cette région. »

Paul l'interrompit : « Ben oui, nous, les Allemands, nous sommes un peuple sauvage. » Il regarda Hans d'un air féroce, poussa encore quelques jurons et l'envoya au Block 21. Car il y avait ce jour-là un Rollkommando.

Devant le Block 21 se tenaient déjà quinze hommes. Le portier gesticulait, poussait les hommes à leur place par rangs de cinq et tempêtait comme un possédé contre les Blocks qui n'avaient pas encore envoyé leur contingent de travailleurs.

C'était de nouveau « *schnell, los, Tempo*, vite, en avant, en cadence », mais quand les trente hommes furent rassemblés, il fallut encore attendre une demi-heure qu'arrive le SS qui les accompagnerait. Et quand ayant enfin dépassé le portail ils arrivèrent au *SS-Revier** – le quartier de santé SS –, il n'y avait aucun chariot pour le déchargement. Le *Rottenführer** commença à chercher une solution, et ils attendirent une autre heure. Il faisait froid, diablement froid. Ils grelottaient dans leurs uniformes de toile. Ils se tenaient au milieu de l'allée, car les trottoirs dont des prisonniers avaient déblayé la neige étaient réservés aux SS qui entraient et sortaient des bâtiments adjacents. Trois grands bâtiments : *SS-Revier*, *SS-Standortverwaltung** *Süd-Ost* et *Kommandantur*, l'espace de santé SS, l'antenne administrative Sud-Est et la commanderie.

C'était de véritables ruches où allaient et venaient des essaims d'hommes, entre lesquels se faufilaient des demoiselles en beaux vêtements qui avaient sûrement appartenu à une quelconque jeune femme juive – maintenant morte, assassinée. Parfois passaient des détenus de ce qu'on appelait le « Kommando SS-Revier », qui travaillaient comme agents de propreté et, quelques privilégiés, en tant que pharmaciens ou techniciens dentaires. Eux, ils s'en tiraient bien. Ils mangeaient de la nourriture SS, disposaient de tous les articles de toilette et médicaments nécessaires. Le commando SS-Revier était la principale source de médicaments pour le camp. Les détenus qui y travaillaient les introduisaient en fraude et les échangeaient contre de la margarine, des saucisses et des vêtements que d'autres volaient au magasin de vêtements. Ici, dans cette immense pharmacie et dans de grands greniers étaient stockés tous les médicaments dont étaient délestés les milliers de déportés à leur arrivée en train. Avec les envois du *Sanitätslager* der Waffen-SS*, Berlin-Lichtenberg, ils constituaient de gigantesques réserves de médicaments qui étaient distribués dans toute la SS du secteur du front sud-est. De la même manière, au *Bauhof* ou dépôt d'Auschwitz étaient entreposés les matériaux de construction pour toutes les troupes, tandis que les usines du camp approvisionnaient la Waffen-SS Sud-Est en matériel de guerre. La *Deutsche Ausrüstungswerkstatt*, en abrégé DAW, l'atelier d'équipement militaire, fournissait le matériel en bois, en particulier les caisses de munitions. Les munitions, elles, étaient fabriquées à l'« Auto-Union » et dans les usines de Buna, qui produisaient aussi du caoutchouc synthétique.

Et ici, dans ces bâtiments, se trouvait le centre névralgique de l'énorme complexe d'Auschwitz, qui se composait de plus de trente camps : Auschwitz I – le camp de Hans –, Birkenau – le centre de mise à mort –, Monowitz avec les usines de Buna et de nombreux petits camps avec des commandos miniers et agricoles, comptant au total plus de 250 000 travailleurs. Cette commanderie et cette antenne de gestion du site abritaient l'administration qui gérait travailleurs et matériaux.

Non, Auschwitz était plus qu'un lieu de torture à grande échelle. Avec ses usines et ses mines, c'était un maillon important de la zone industrielle de Haute-Silésie, où les ouvriers étaient moins chers que n'importe où au monde. Ils ne recevaient pas de salaire et ne mangeaient presque rien. Et quand ils étaient épuisés et jetés dans les chambres à gaz, il y avait encore assez de Juifs en Europe et d'opposants politiques pour remettre le nombre à niveau.

Berlin coordonnait tout cela. Dans la Wilhemstrasse, il y avait un département spécial Camps de concentration, relevant d'Himmler. On y organisait les convois vers les camps depuis l'Europe entière. De là partait les ordres à destination de Westerbork, par exemple, d'envoyer tant de milliers d'individus à tel ou tel camp. On y calculait, selon les besoins, quel pourcentage serait directement liquidé et combien vivraient pour travailler.

Oui, Grün, le dentiste, qui était au camp depuis un an et demi, expliquait tout cela avec une grande précision. C'était le prototype du Polonais qui ne recule devant rien ni personne et ne tient jamais compte des intérêts d'autrui. Il était connu dans tout le camp pour avoir toujours obtenu les meilleurs boulots. Ses amis qui travaillaient à la section politique lui avaient raconté toutes sortes de secrets : décisions de la Kommandantur, télégrammes de Berlin. Il avait eu des liaisons avec des filles du SS-Revier, et s'il se faisait pincer, il ne le payait pas de sa vie, parce qu'il trouvait toujours un ami à la cuisine SS pour lui donner un litre de genièvre à refiler au SS qui en savait trop sur lui. Mais maintenant, soudain, sa situation devenait précaire. Voilà ce qui se passait :

« Tu sais ce qu'est le Faulgas ?

– Non.

– Le Faulgas est un commando de six cents hommes – ils habitent aux Blocks 1 et 2. Ils font chaque jour cinq kilomètres à pied jusqu'à une grande usine en construction près d'un marécage. Le but est de produire de l'énergie à partir de gaz de fermentation. Sur ce chantier travaillent aussi des civils. Le Faulgas est le commando où il y a les plus gros trafics. Les gars qui y travaillent cachent sous leur uniforme des vêtements et du linge de maison que les civils leur échangent contre des vivres. Ils emportent aussi des bijoux et des montres, obtenus de complices qui travaillent au Canada*, cet entrepôt où aboutit tout ce qu'on récupère dans les trains. Les types du Canada récupèrent ensuite une partie des bénéfices.

« Il y a deux mois, j'étais sur une belle petite affaire, mais elle a foiré. Un gars du Canada avait trouvé une paire de superbes brillants dans la doublure d'un manteau. Il s'est adressé à moi parce qu'il savait que j'étais au Faulgas. Pour ces brillants, le prix à payer n'était pas négociable : la liberté.

« Tout d'abord, j'ai payé un litre de schnaps à la division "répartition du travail" et mon camarade a été affecté au Faulgas. Ensuite, nous avons tâté le terrain auprès d'un chauffeur polonais, pour savoir s'il pouvait placer sous sa benne quelques planches sur lesquelles nous pourrions nous coucher tous les deux. Entre le vilebrequin et la benne donc. Mais j'avais choisi le mauvais gars, car il était copain avec l'un des gardiens du commando. Je l'ai vu par hasard parlementer avec lui et me suis aussitôt fait porter pâle auprès du *Kommandoführer**. Ça m'a coûté bonbon mais il m'a renvoyé au camp avec un gardien. Mon ami, je n'ai pas pu le prévenir. Ils l'ont battu à mort le jour même. Mais ils n'ont pas trouvé les brillants sur lui, car je les avais mis en sécurité. Tu piges bien que depuis, je me tiens un peu à carreau. Il y a sûrement quelques SS qui cherchent les brillants. »

Hans pigeait encore autre chose : que Grün, quand l'affaire avait foiré, avait sacrifié son ami pour se débiner avec les brillants.

« Si tu veux tirer au flanc, poursuivit Grün, le Krankenbau est la meilleure planque. Contre un demi-litre de genièvre, tu es Pfleger, infirmier. »

Effectivement, Grün savait tirer au flanc.

Le Rottenführer arriva. Il avait dégoté un chariot. Ils devraient aller charger des sacs dans le train et les décharger ici. Grün discuta un moment avec le chef d'équipe, qui lui donna un bloc-notes et un crayon : lui compterait le nombre de sacs.

Ils se mirent en route avec le chariot. L'ambiance était relativement calme. Ils étaient tous infirmiers et portaient sur la manche gauche l'écusson noir brodé des lettres HKB : Häftlings-Krankenbau, hôpital des détenus. Les lettres des infirmiers étaient bleues, celles du personnel technique rouges, et celles des médecins blanches. Mais ces distinctions n'étaient que théoriques, dans la pratique, tous poussaient le même chariot.

HKB était un sigle miracle. Malgré leur aversion pour les intellectuels, les SS craignaient un peu ceux qui l'arboraient. Était-ce seulement un hasard s'ils étaient ceux qui tenaient le coup le plus longtemps à Westerbork et qui étaient ensuite généralement envoyés au camp privilégié de Theresienstadt ? Était-ce un pur hasard si les médecins, donc ceux qui étaient confrontés à la mort, avaient à Auschwitz et dans les autres camps les meilleures chances de survie ? Certainement pas. L'homme primitif vit dans la peur permanente du monde de l'esprit, or ce monde est constitué des âmes des défunts. Si tu tues quelqu'un, son âme te devient hostile et un esprit mauvais est d'autant plus dangereux qu'il a été un « esprit supérieur » de son vivant. Les médecins, héritiers spirituels des anciens sorciers dont l'autorité s'étendait sur le royaume des esprits des vivants et des morts, sont donc particulièrement redoutés . Et quels hommes sont plus primitifs que les « *Edelgermanen* », de la race supérieure des Germains ?

Ainsi fallait-il faire attention avec les médecins. Même la plus grande brute SS nourrissait secrètement la pensée qu'il pourrait bien un jour avoir besoin d'eux. Voilà pourquoi les médecins et le personnel infirmier étaient peu harcelés et quasiment jamais frappés.

Mais le travail devait être effectué, et c'était à vous donner la nausée. Il fallait pousser un chariot rempli de sacs en papier portant l'inscription « poison contre les moustiques du paludisme » à côté de sa formule chimique, un composé de soufre. De nombreux sacs étaient déchirés et déversait une fine poudre verte. Quand tu en soulevais un, la poudre collait à ta nuque, formait avec la sueur une croûte sur ta tête entre tes cheveux coupés ras. Elle s'infiltrait dans tes narines et t'irritait les yeux, qui se mettaient à pleurer.

Au début, tu veillais autant que possible à poser ton sac bien au milieu de ton dos et à ne pas le renverser, mais il pesait cinquante kilos et, quand tu commençais à fatiguer, il t'arrivait parfois de le poser sur ton épaule et parfois de travers. Tout le monde se retrouvait couvert de poudre, les vêtements et le visage verts.

Le pire, c'était les yeux, qui te piquaient et démangeaient, et si tu les essuyais de tes mains poussiéreuses, ils se mettaient à brûler et à larmoyer. Tu en étais aveuglé, incapable de continuer, et tu posais un instant ton sac par terre. Mais ça non plus, ça n'allait pas, le travail devait être exécuté en un temps bien précis, le Rottenführer en était responsable et il se voyait donc obligé de te harceler. Et si tu te plaignais de cette malheureuse poudre qui te faisait si mal aux yeux, te piquait tellement la peau, le Rottenführer arborait un petit sourire mystérieux. Il savait de quoi il retournait.

Le soir, quand, éreintés et les yeux rougis, ils regagnèrent leurs baraquements, tous se sentaient patraques. L'un frissonnait, l'autre était nauséeux, tous avaient mal aux yeux et certains avaient la peau couverte d'ampoules. Hans se sentant malade, il se coucha aussitôt après l'appel. Le lendemain, il fut incapable de se lever. Il avait de la fièvre et la peau de ses épaules, de son dos et de tous les endroits de son corps qui avaient été en contact avec la poudre, était rouge et enflammée.

Il n'était pas le seul, quatre infirmiers durent garder le lit. Paul se montra relativement accommodant. Il envoya d'autres hommes ce jour-là, car le travail devait se poursuivre.

Les suivants demandèrent au Rottenführer des bâches en caoutchouc à poser sur leur dos et leurs épaules, et des lunettes pour protéger leurs yeux. Mais le Rottenführer haussa nonchalamment les épaules. Quelle importance ? Quelques détenus malades ! Un des infirmiers avait pris une toile en caoutchouc dans la salle de traitement. Le *Sanitäter* des Gesundheitsamts* (SDG), l'officier du département de la Santé, qui contrôlait quotidiennement l'hôpital, le surprit avec, l'engueula comme de la vermine, lui donna une paire de claques et lui reprit la toile : « Sabotage ».

Sabotage, quand on travaille avec du poison et qu'on veut préserver sa santé, simplement se protéger. Que dire alors du lait que l'on donne en Hollande aux ouvriers des usines de peinture ? C'est certainement un péché mortel. Enfin bon, le soir, il y avait quelques malades supplémentaires.

Paul paraissait inquiet.

Le lendemain, ce fut pareil. Sur les trente-cinq infirmiers du Block 9, sept étaient déjà malades, à cause de cette poudre antipaludisme. Mais le travail était terminé.

Hans n'était pas mécontent. Oui, cette fièvre passerait, le corps éliminerait le poison et les plaques d'eczéma qui le couvraient de la tête aux pieds finiraient par s'écailler. Le repos lui faisait du bien. Le seul problème était qu'il n'avait aucun contact avec Friedel.

Il lui avait envoyé un petit mot pour lui dire qu'il n'était pas bien, mais n'avait pas reçu de réponse. Et les gars qui portaient à manger au Block 10 ne voulaient prendre aucun risque. Certains s'étaient déjà fait tabasser et l'un d'eux, sur qui on avait trouvé des messages, avait été envoyé à Birkenau, au Strafkommando.

*

Puis, le cinquième jour, alerte ! Paul fit irruption dans la chambre des infirmiers : « *Los*, allez, habillez-vous tous, *Eile* ! Vite ! Le Lagerartz est au Block 19, il sera ici d'une minute à l'autre ! »

Ils ne savaient pas exactement ce qui se passait, mais dans le couloir, Hans rencontra Grün, qui semblait très déprimé. « Ce calme ne pouvait pas durer. Ça faisait au moins trois semaines qu'il n'était pas venu. »

À ce moment, quelqu'un ouvrit la porte. « *Achtung !* », cria le portier.

Grün entraîna Hans dans les toilettes. Ils entendirent le médecin-chef monter à l'étage. Deux ou trois malades se précipitèrent dans les latrines. Tony Haaksteen, le Scheissmeister, faillit pousser une gueulante. Grün lui fit signe de la boucler.

« Ils viennent se cacher ici, imbécile. »

Dévoré de curiosité, Grün emmena Hans à l'étage ; prudemment, ils se faufilèrent dans la salle et se glissèrent parmi les autres infirmiers. Presque tous les lits étaient vides, et les hommes alignés dans le couloir central. Le SDG relevait les numéros des malades gravement atteints, incapables de quitter leur lit. Quand il eut fini, la parade commença.

C'était écœurant, surtout quand on savait de quoi il retournait. Ces pauvres sacs d'os, ces squelettes harassés aux yeux caves, le corps couverts de plaies, se tenaient nus comme des vers en une longue file, se soutenant mutuellement ou s'appuyant contre les lits. Le médecin-chef jetait à chacun un bref regard, le SDG notant les numéros qu'il lui dictait – ceux d'environ la moitié.

« Quel est le but de tout ça ? osa demander un malheureux au médecin-chef.

– Ta gueule », lui répondit-il.

Le SDG se montra un peu plus conciliant : « Les faibles iront dans un autre camp, où il y a un hôpital spécial. »

Les infirmiers qui l'entendirent se regardèrent en ricanant : « Hôpital spécial, efficace contre tous les maux. »

À la fin, le Lagerartz descendit l'escalier. Soudain, Hans s'inquiéta : Van Lier, le médecin débutant, était avec les fous, chambre 3. Il avait joué avec le feu. Non seulement il avait gardé le lit pour de misérables petites blessures, mais, histoire de prendre du bon temps, il s'était glissé parmi les fous, grâce à deux Hollandais, Van Wijk et Eli Polak, qui y travaillaient. Pourvu que ses deux copains l'aient caché !

Mais quand le médecin-chef fut parti, Hans croisa Eli dans le couloir. Son visage était impassible : « Seuls trois Reichsdeutschen peuvent rester, tous les autres sont sur la liste.

– Van Lier aussi ?

– Van Lier aussi, avec les fous. »

Ils allèrent voir Paul, le chef de baraque. Peut-être pourrait-il rattraper le coup. Paul était un type étrange. Pas méchant, il ne frappait jamais. Il criait, menaçait, mais en restait là. Cependant, il était au camp depuis trop longtemps pour encore s'apitoyer. « Van Lier l'a bien cherché, il aurait dû faire des efforts. Pourquoi ne vous est-il rien arrivé, à vous ? Vous n'avez jamais rechigné à la tâche. C'est pourquoi je vous ai admis chez les infirmiers, mais ce feignant ! »

Bien sûr, ce raisonnement ne tenait pas la route : Van Lier avait lui aussi été admis comme infirmier. Si Paul avait eu quelque chose à lui reprocher, il aurait pu l'obliger à sortir de son lit ou même – il en avait le droit en tant que chef de baraque – le renvoyer de l'hôpital. Il n'aurait jamais dû le laisser tomber dans ce piège. Le fait est qu'après des années de camp de concentration, même les meilleurs développaient leur propre « sens de la justice ». C'était comme une marotte. « un grain », comme ils disaient.

Van Lier resta donc sur la liste et partit le lendemain matin. À onze heures, des camions arrivèrent avec un flot de SS comme Hans n'en avait jamais vu au Krankenbau. Il y avait le Lagerführer avec deux

Rapportführer, le Lagerartz avec le Sanitäter du Gesundheitsamt, les chauffeurs des camions et de nombreux autres encore.

Ils gesticulaient, particulièrement grossiers et hargneux. Non, ça ne ressemblait pas vraiment à un transport vers un hôpital même « spécial », comme l'avait appelé le SDG.

Le chef de baraque reçut la liste des noms et numéros des victimes qui durent se mettre en ligne dans les plus brefs délais. Ils reçurent un pantalon et une paire de sandales puis furent poussés dans les camions.

Les plus malades, incapables de marcher, furent descendus sur des brancards par les infirmiers. Si ça n'allait pas assez vite, les porteurs recevaient un coup de pied au derrière, puis les SS attrapaient le malheureux et le balançaient comme un sac de farine sur le camion.

Ces gens n'étaient pas lourds. Un homme de constitution robuste qui pesait au départ dans les 80 kilos n'en faisait plus 50 ou 52. Quant aux pauvres diables de taille normale, ils ne dépassaient pas les 38 kilos.

En cas d'amaigrissement, c'est le poids du cœur, du cerveau et des organes internes qui reste stable le plus longtemps. C'est une loi de la nature. Aussi, la plupart de ces malheureux n'étaient que trop conscients de ce qui leur arrivait. Et ils avaient encore tellement envie de vivre ! Beaucoup pleuraient, se plaignaient aux infirmiers. Un garçon de seize ans se déchaîna.

Un SS arriva alors et le frappa de son ceinturon. Le garçon cria de plus belle. Le SS redoubla de coups. Ici, cependant, la pédagogie allemande se révéla inefficace.

Avez-vous déjà vu un homme ivre donner des coups de pied à un chien qui hurle ? Le chien hurle plus fort encore et, bien qu'ivre, l'homme ressent les hurlements comme une mise en accusation de sa brutalité. Il n'est plus en état d'éprouver de la culpabilité, mais cette plainte du chien éveille en lui des sentiments désagréables, qu'il étouffe en se comportant de plus en plus violemment. Des coups plus forts, des cris plus forts, jusqu'à ce que l'homme finisse par tuer le chien avec ses coups. Jusqu'à ce qu'enfin le chien ne puisse plus accuser l'homme.

Ainsi, le SS frappait de plus en plus fort l'enfant, et l'enfant criait de plus en plus fort. Finalement, le SS souleva l'enfant de terre et le balança comme un ballon dans le camion. Et l'enfant se tut.

Debout dans le couloir du rez-de-chaussée, devant la porte de la chambre 1, Hans réfléchissait. Non, jamais il ne serait possible d'amener ces « gens » à éprouver de justes remords s'ils devaient un jour être appelés à rendre des comptes. Un « juste châtiment » ne susciterait en eux qu'une haine plus grande encore, quand bien même ils feindraient de s'amender, et ils recommenceraient à conspirer dès qu'ils auraient repris leur place dans la société. Pour protéger l'avenir du monde, il ne pourrait y avoir qu'un châtiment pour eux : la mort.

Hans enfonça ses ongles dans sa chair pour se contenir. Se révolter ou simplement montrer de la compassion serait un suicide. Et ne servirait à rien. Lors d'une précédente sélection, un infirmier avait porté assistance à un malheureux. Le SS qui surveillait l'opération n'avait pas apprécié qu'on ralentisse le processus pour un problème de pansement. L'infirmier avait protesté. Le médecin-chef s'en était mêlé. Il avait aussitôt noté le numéro de l'infirmier, qu'on avait alors embarqué avec les autres dans le camion.

C'est alors que Van Lier arriva dans le couloir. Il avança lentement vers Hans. Il faisait pitié avec sa tête baissée sur son long corps maigre, sa chemise sale, ses sabots qui claquaient et ses longs bras ballants. On aurait dit que la mort, qu'il allait bientôt rencontrer, s'était déjà infiltrée en lui. Il voulut parler avec Hans.

Mais, désemparé, Hans n'en eut pas le courage. Il savait ce que Van Lier allait lui demander, mais il n'avait pas de réponse. Aussi fit-il demi-tour et s'enfuit-il. Lâchement. Il se réfugia dans la chambre 1, derrière le grand poêle maçonné, mais, incapable de vaincre la curiosité qui le tenaillait, il alla à la fenêtre.

Tout était prêt. Les bâches des camions avaient été rabattues, un SS avait grimpé à l'arrière et le convoi allait partir d'un moment à l'autre pour Birkenau. Hans serrait les mains sur l'appui de fenêtre. Les Polonais discutaient, d'un lit à l'autre, bruyamment. Hans aurait voulu crier, poussé par le vague espoir que quelqu'un pourrait l'entendre et sauver les condamnés. Aucun son ne passa ses lèvres. Des larmes silencieuses jaillirent de ses yeux. C'est alors qu'un bras se posa sur lui. C'était Zimmer, le gros Polonais originaire de Poznań.

« Ben oui, mon garçon, ils n'auront plus à se plaindre. Le calvaire, c'est fini pour eux. »

Hans tremblait. Zimmer le sentit.

« Allons, ne te laisse pas abattre. Tu n'es pas du tout dans le même cas. Tu n'es pas trop mal loti ici, avec nous, dans cette chambrée. Tu es jeune et fort, et le médecin-chef t'aime bien.

– Vous avez raison, Zimmer. Pourtant, ce n'est pas à moi que je pense mais à tous ces gens qui vont si bêtement à l'abattoir. »

Zimmer esquissa un sourire. « Des milliers, des millions y sont déjà allés. Est-ce que tu as pleuré ? Maintenant que tu as le nez dessus, alors seulement tu es tout retourné. Mais je ne t'en veux pas, va. Tu en as encore si peu vu. Quand les Allemands ont envahi notre pays, en 1939, ils sont entrés dans les maisons des Juifs. Ils ont entassés les hommes pour les transporter dans des camps de travail. Et ils ont violé les femmes. Malgré leurs propres lois de « pureté de la race ». Mais ils s'en fichaient. Je les ai vus attraper des jeunes enfants par les pieds et leur fracasser la tête contre un arbre ou un chambranle de porte. C'était la mode à l'époque. Chaque année, il semble d'ailleurs y avoir une nouvelle mode chez les SS. En 1940, le grand truc, c'était de s'y mettre à deux pour littéralement écarteler les gosses. En 41, ils prenaient un baquet d'eau et y enfonçaient la figure du gamin. Le pauvre petiot se noyait dans dix centimètres d'eau. Ces derniers temps, ils se sont un peu calmés. Maintenant, ils liquident les Juifs avec du gaz et exterminent les gens de manière beaucoup plus systématique. Les camps sont des sanatoriums en comparaison de ce qui se faisait il y a quelques années.

– Dans votre région, il s'est donc passé beaucoup de choses ?

– M'en parle pas, mon garçon. Nous, les Polonais, nous connaissons les Allemands. Ils nous ont fondu dessus, ils ont divisé notre pays et en ont annexé les meilleurs morceaux. Poznań, Danzig – ou Gdansk en polonais – et Stettin. Les plus beaux coins de la Pologne. Et voilà qu'ils en avalent d'autres encore. Mais peu importe où ils fixeront leurs frontières. S'ils gagnent la guerre, les Polonais seront tous leurs esclaves. Mais un jour, ils perdront et justice nous sera rendue. »

C'est ainsi que Zimmer avait distrait Hans de l'horrible événement qui s'était produit ce matin-là.

Parfois, il y avait *Kesselkommando**. Pendant une semaine, les cinq baraques de l'hôpital devaient à tour de rôle livrer la soupe au Block 10. Cette semaine, c'était au tour du Block 9. Hans portait un tonneau avec Majzel, le médecin belge doux et discret dont la femme aussi était au Block 10.

La plupart des infirmiers aimaient aller au Block 10. Beaucoup y avaient une petite amie, mais même ceux qui n'y connaissaient personne avaient plaisir à se retrouver quelques secondes parmi des femmes. C'était une course folle entre la cuisine et le Block 10, car les quatre équipes arrivées en premier étaient autorisées à y livrer leur soupe ; les autres devaient se contenter du Block 9, celui des hommes.

Hans et Majzel choisissaient toujours un tonneau très lourd. Ils considéraient comme une trahison ce que beaucoup faisaient : prendre un tonneau léger pour augmenter leurs chances de rentrer chez les femmes, quitte donc à les léser sur leur ration.

Mais pour Hans et Majzel, il ne s'agissait pas de trouver une petite amie, non. Aussi étaient-ils capables de plus grands efforts que les autres. Et quand Majzel – de dix ans l'aîné de Hans – peinait à avancer, ils basculaient le tonneau de manière à ce que le poids repose en grande partie sur Hans, qui était fort et extrêmement résistant. C'est ainsi qu'en général ils arrivaient en premier.

Ce jour-là, Friedel attendait dans le couloir. La gardienne – la mégère –, commençant à les connaître, leur était moins hostile qu'avant. Friedel se mit à rire et posa la main sur la poitrine de Hans. « Tu es fou de faire tant d'efforts. Écoute comme ton cœur bat. Tu vas attraper quelque chose.

– Estime-toi déjà heureuse qu'il batte encore. »

Aussitôt, se souvenant des événements du matin, il ressentit une vive douleur. Il s'efforça de ne rien en laisser paraître, mais Friedel le sentit. Les femmes aussi avaient tout vu de leurs fenêtres.

« Qu'est-il advenu des maris des filles d'ici ?

– Miel Boekbinder va bien, Heini et Günther aussi, mais un certain Geitenman a quitté le Block 19.

– Seigneur ! Que vais-je dire à sa femme ? Depuis ce matin, elle est comme un lion en cage. Elle avait déjà si peur, son mari semblant au plus mal. Mais elle n'osait pas y croire. Tiens, voilà même un colis de pain qu'elle m'a donné pour lui. »

Hans trouva préférable de dire que tout allait bien. On lui dirait, dans quelques jours, que son mari avait soudain disparu, muté dans un autre camp. En aucun cas, elle ne devait apprendre qu'il était parti avec la sélection du jour.

« La pauvre. En plus, Samuel l'a encore réquisitionnée cette semaine. Elle a beaucoup souffert et énormément saigné. Tu peux à nouveau dégoter un peu d'ouate ou de cellulose ? Je ne pourrai pas m'en procurer assez s'ils font autant de prélèvements que la semaine dernière. »

Bettie, la femme de Miel, arriva. Elle avait deux petits paquets, un pour son mari et un pour Heini Spittel, de la part de sa femme.

« Il n'y a pas de lettres dedans ? » demanda Hans. Être pris avec un colis de pain, ça passait encore, surtout quand on pouvait prouver qu'il était envoyé par une femme à son mari. Mais des lettres, non.

« J'ai glissé un petit mot...

– Alors, retire-le vite, je préfère le dissimuler entre mes vêtements », répondit Hans, commençant à s'impatienter : la gardienne avait déjà chassé presque tous les hommes, et il aurait voulu discuter de deux ou trois choses encore avec Friedel, mais ces histoires de colis prenaient toujours beaucoup de temps. Friedel perçut son agacement. « Allons, laisse-les faire, tu es leur seule occasion d'entrer en contact avec leur mari. »

Mais la gardienne le découvrit, caché au milieu des femmes, avant qu'il ait pu répondre.

« T'es fou ou quoi ! », s'emporta-t-elle, comme à son habitude. Pour s'épargner la suite de ses invectives, Hans embrassa furtivement Friedel, mais elle ne s'en contenta pas et le retint un instant, pour au moins lui dire au revoir correctement.

Soudain, une porte s'ouvrit. Une grosse femme apparut, qui semblait tout droit arrivée d'un marché au poisson, mais n'avait rien de la fraîcheur des poissonnières hollandaises. La pâleur de son visage rond, entouré de cheveux filasse, crasseux et hirsutes, accentuait par contraste la grossièreté de ses lèvres lourdement maquillées. Elle était enceinte jusqu'aux yeux, ce qui lui donnait l'air d'un monstre dans son uniforme trop petit. « *Was ist hier los, ihr Dreckhuren?* », (Qu'est-ce qui se passe ici, sales putes ?)

C'était presque comique d'entendre cette harangère du Troisième Reich traiter de « sales putes » sa Friedel et ces femmes qui lui confiaient le pain dont elles se privaient pour qu'il le porte à leur mari. Mais le bâton, dont jouait avec désinvolture la *Frau Aufseherin**, était moins drôle. Aussi Hans continua-t-il à se cacher derrière les femmes, puis il se glissa discrètement derrière la surveillante, les colis soigneusement dissimulés sous sa veste. Il ne put respirer qu'une fois rentré au Block 9. L'affaire aurait pu mal tourner.

Au Block 9, les tonneaux de soupe avaient déjà été répartis entre les différentes salles et chambres. Dans les petites chambres du rez-de-chaussée – celles où dormaient cinquante malades –, les patients étaient autorisés à rester au lit. Des infirmiers distribuaient la soupe.

Janus se tenait à côté du tonneau et servait. Un litre par personne. Hans distribuait les gamelles rouges. Il restait de la soupe, certains n'y ayant pas touché, préférant se nourrir de ce que contenaient leurs colis. Hans en versa donc deux litres dans une gamelle et la porta à l'étage, pour en donner un peu à un compatriote.

En haut, les choses se passaient différemment : leur gamelle à la main, les malades formaient de longues files qui s'étiraient jusqu'au tonneau pour recevoir leur nourriture. Seuls les plus faibles pouvaient rester au lit et recevaient leur pitance des mains des aides-soignants. Ces messieurs de l'infirmerie, trop paresseux pour nettoyer la salle et servir les malades, recrutaient pour cela des malades plus légers. Tous aimaient cette corvée, car elle vous procurait un litre de soupe supplémentaire par jour et l'assurance de n'être ni renvoyé de l'hôpital ni affecté à un commando extérieur. Naturellement, c'était dangereux. Si le médecin-chef se pointait pour sélectionner les musulmans, ces Stubendiensten devaient se cacher dans les latrines ou dans les combles.

Lorsque Hans arriva dans la salle du haut avec sa gamelle, on l'interpella de toutes parts : « Pfleger, donne-moi un peu de ta soupe. » Ils brandissaient leur pain de la veille et la margarine qu'ils avaient mise de côté pour lui acheter la soupe.

De nombreux infirmiers marchaient dans ce genre de trafics. Il y avait au camp un véritable marché noir. Et même des prix relativement fixes. Un litre de soupe valait une demi-ration de pain ou une ration entière de margarine. Ainsi, certains Pflegers et Stubendiensten échangeaient chaque jour cinq litres de soupe ou davantage contre toute une variété de denrées alimentaires. Certains médecins même glissaient des gamelles de soupe par la fenêtre en échange de margarine. S'ils se faisaient attraper, ils prenaient directement la porte de l'hôpital, mais ça n'arrivait jamais. Hans, lui, ne participait pas à ce trafic. Non pas qu'il fût si vertueux : il n'en avait pas vraiment besoin.

Quand il redescendit, Zimmer le prit à part pour lui fourrer un paquet dans la main. « C'est mon colis de cette semaine. Il est arrivé aujourd'hui. »

Hans devait disparaître au plus vite avec son colis, les autres Polonais ne manqueraient pas de se moquer de la gentillesse de Zimmer. Hans s'isola dans un coin du local des infirmiers pour déballer le paquet. Il y trouva deux pommes, une part de gâteau et un bout de lard. Il mangea aussitôt une pomme, avala un bout de gâteau, et garda pour Friedel le reste, qu'il cacha sous sa paillasse. Ensuite, il reprit le cours de ses occupations : laver des gamelles, balayer la chambrée.

Kuczemba, le « concierge », appela. Pour la corvée du pain, il avait besoin de quelques solides gaillards : 120 pains, soit 170 kilos, à porter dans une hotte. Puis de nouveau Kesselkommando pour le thé du soir. Et par-dessus le marché, une engueulade de Paul : « *Du Dreckhund*, saleté de chien, tu ne vois pas qu'il y a du thé renversé sur le perron ? » L'escalier extérieur était de la responsabilité de Hans. « C'est un poste honorifique, voyons ! L'escalier extérieur est la carte de visite de notre Block. Tu dois faire de ton mieux pour entretenir la réputation de notre Block. Va vite me laver ça. Énergiquement, hein, balances-y quelques seaux d'eau, puis un coup de balai. Je ne vais pas te faire un dessin. »

Hans connaissait le topo. Il courut comme un dératé avec les seaux d'eau et fit le plus de boucan possible dans le couloir pour montrer à tout le monde comme il travaillait dur. Il évita ainsi qu'un de ses nombreux chefs ne lui colle une nouvelle corvée, et quand il eut fini de laver le seuil, il put se faufiler un instant au *Stube** 3.

C'était la section des fous dont Eli Polak était le médecin. Assis à une table dans son coin de la chambre, Eli somnolait. Il était toujours d'humeur un peu morose et semblait particulièrement apathique. Bien qu'âgé d'à peine trente-cinq ans et solidement bâti, il donnait souvent l'impression d'être un vieil homme épuisé, las de tout.

Comment le lui reprocher ? Trois semaines après son arrivée à Auschwitz, il avait appris que son épouse et son fils – comme toutes les femmes avec de jeunes enfants – étaient partis à Birkenau pour passer « par la cheminée » dès leur arrivée de Hollande.

« Tu sais, raconta-t-il Hans, j'étais dans ma file. Ma femme a été chargée dans le camion et je crois qu'à ce moment, elle s'est évanouie. Je pense qu'elle avait compris d'une manière ou d'une autre ce qui allait se passer.

– Arrête tes conneries », le rabroua Hans. Impuissant à consoler Eli, il cachait son désarroi derrière de la rudesse, comme on le fait souvent dans ce genre de situation. « Qu'est-ce qu'elle aurait remarqué ? Et tu sais pertinemment qu'elle serait de toute façon allée au crématoire, évanouie ou pas. »

C'est alors que Walter, un des fous, se lança dans sa tirade : « Au nom du Führer, j'ai été choisi, moi, Walter, pour être sur la Lune l'envoyé éternel du royaume millénaire. Je suis le maître de toutes les étoiles et planètes. Grâce aux trois marks que m'a donnés ma sœur, je suis arrivé à garder sous mon contrôle économique la Reichswerke Hermann Göring[1]. Avec nos nouvelles armes, j'ai réussi à mettre l'univers à mes pieds et à devenir, au nom de la trinité Hitler, Goebbels et Göring, gouverneur des grandes provinces. Mon pouvoir est illimité. Le Führer ordonne. Les fous de la chambrée organisent aujourd'hui des élections libres. Votez, votez, votez ! Toi d'abord, la chiffe molle, toi, l'éternel dormeur, vote pour le salut de notre grand Empire pangermanique. Toi, maudit démocrate, allons, réveille-toi ! »

Il secoua le pauvre idiot qui partageait son lit et le frappa durement à la tête. L'homme se redressa et grogna des paroles incompréhensibles.

« Des millions, des milliards défilent sous nos drapeaux. Notre sang féconde l'éternelle déesse de la Vérité, et elle enfante le chef, qui nous conduira au royaume grandiose de la perfection. Mes enfants sont la source du sang et les vers du sol, *Blut und Boden*, leurs excréments fertilisent la terre qui produit le blé qui nous permettra de résister au blocus de l'Angleterre. Toi, sale chien d'incroyant, lève-toi ! Défile dans nos rangs. *Judenblut sprizt vom Messer* (le sang juif gicle sous le couteau.) Tout ira bien maintenant. Défilez ! En avant, marche ! »

Et à nouveau, Walter se mit à bourrer de coups de pied et de poing ce pauvre dingue au crâne rasé qui,

1. Conglomérat industriel de l'Allemagne nazie. (Note de l'éditeur.)

terrorisé, levait les mains d'un geste suppliant. Eli se précipita pour essayer de calmer le forcené.

« Certainement, Walter. Le cortège, c'est demain. Aujourd'hui, tu dois aller dormir.

– Jamais je ne dormirai, docteur, je suis Siegfried, je monte la garde auprès de Brunhilde, la vierge éternelle. Elle sommeille dans la taverne du dragon, le père du Führer. Je suis le garde du corps du sang brun. Je suis l'étendard du triomphe. Hourra, hourra ! Je suis l'enfant de Germania. Nos colonnes défilent. Défilez ! En avant, marche ! »

Il avait sauté du lit et, hurlant d'extase, défilait d'un bout à l'autre de la chambre. La tension montait chez les fous, excités par Walter. Assis au bord de leurs lits, ils agitaient bras et jambes. Ces idiots pathétiques, d'ordinaire doux comme des agneaux, braillaient des chants inarticulés.

Un hydrocéphale battait la mesure sur sa gamelle, un rire béat dans ses yeux fixes, horriblement exorbités.

Walter marchait au pas, et Eli le suivait.

« Je suis le chef, je suis l'apôtre, je suis le Führer de la maison de fous.

– C'est exact », dit Hans.

Soudain un hurlement couvrit le tumulte. « *Herrgott Sakrament, verflucht noch einmal* ? » (Putain de bon sang, qu'est-ce que c'est que ce bordel ?) Paul, alerté par le vacarme, venait de débarquer.

Les choses rentrèrent vite dans l'ordre. Il attrapa Walter par la peau du cou et le flanqua sur son lit.

Chacun retourna à sa place. « Fais-lui une piqûre, Polak. Qu'est-ce que tu fous planté là, espèce de glandeur ? »

Eli administra une injection à Walter, et le calme revint peu à peu. Paul alla s'asseoir à la table.

« Écoutez, vous deux, y faut pas vous laisser déborder comme ça. Moi, ça fait dix ans que je suis dans cet asile d'aliénés. Et je me laisserais marcher sur la tête par un de ces cinglés qui se prend pour le Führer ? En dix ans, le Führer lui-même n'a pas réussi à me mater. »

« *Achtung !* » L'avertissement résonna dans le bâtiment. Paul sortit en courant de la chambre. Eli alla nettoyer sa seringue, Hans attrapa un balai et se mit à balayer avec zèle. « *Bewegung !* » (On se bouge !).

C'était le Sanitäter des Gesundheitsamts qui faisait sa tournée quotidienne. Au début, il était intraitable, mais ces derniers temps, il se montrait plus souple. Zielina avait découvert son point faible et, désormais, quand l'officier de santé entrait dans la chambre du chef de baraque, un paquet de cigarettes l'y attendait toujours. Les Polonais qui en recevaient dans leur colis n'hésitaient pas à sacrifier un paquet à tour de rôle pour s'épargner des contrôles difficiles. Ainsi, ils pouvaient maintenant garder leurs vêtements au lit, parfois cuisiner sur le grand poêle et se permettre bien d'autres petites infractions. Certes, ça ne durerait plus longtemps, le SDG serait bientôt muté et remplacé par un nouveau. Car la direction du camp savait pertinemment que chaque surveillant, aussi strict soit-il, finissait par tisser des liens avec les prisonniers. C'est pourquoi les gardes – les SDG et tous ceux en contact régulier avec les détenus – changeaient régulièrement.

Trois semaines plus tard arriva le nouveau SDG, un grand type à la moustache blonde. Le premier jour, il vint jeter un rapide coup d'œil et parut assez arrangeant. Mais quelques jours plus tard, il obligea tous les patients de la salle des Polonais à sortir de leur lit. Qu'est-ce qu'il pouvait bien mijoter ?

Si cela s'était produit chez les Juifs, tout le monde aurait pensé qu'il s'agissait d'une sélection : en effet, presque chaque semaine, des malheureux étaient emmenés. Mais chez les Polonais ?

Hans et le chef de chambrée durent vider tous les lits et ouvrir tous les colis. On trouva un peu de tout : vêtements, chaussures, vieux chiffons, pain rassis et cent autres choses, qui furent jetées en tas. Les détenus furent autorisés à garder les vivres provenant des colis, mais le tabac et les choses plus rares, comme le chocolat et les sardines, finirent dans la poche du SDG.

En même temps, ce dernier procédait à des inspections, vérifiait sous les paillasses que rien ne s'y cachait et contrôlait les malades. Celui qui possédait deux chemises devait en jeter une sur le tas et se voyait gratifié d'une paire de baffes en prime.

Zimmer semblait dépité. Il avait reçu un magnifique chandail en laine d'agneau et une paire de bottines, cachés dans le double fond d'un colis. Et voilà qu'il allait tout perdre. On était déjà en hiver, et il serait bientôt peut-être affecté à un commando.

Les vêtements et tout le fourbi furent emballés dans des couvertures et le SDG demanda qu'on aille les déposer dans la chambre du Blockälteste. Il commençait à compter les colis quand un coup de feu résonna dehors. Il traversa la chambre pour regarder par la fenêtre, et Hans saisit sa chance. Un colis sous chaque bras, il s'éclipsa.

Quand il revint, le SDG se tenait à côté des colis. Hans ne se laissa pas démonter : « J'ai déjà emporté un colis.

– Bon, il en reste cinq. »

Hans fit cinq fois le trajet sous le regard du SDG, qui veillait à ce que rien ne disparaisse. Une fois les colis en lieu sûr dans la chambre du chef de baraque, il les enferma à double tour et emporta la clé. Il viendrait tout chercher plus tard. Sauf que le chandail et les bottines de Zimmer et les autres objets intéressants étaient désormais au grenier.

Ce soir-là, Hans se retrouva riche. Zimmer lui avait donné une demi-livre de lard, devant tout le monde, lorsqu'il avait récupéré ses affaires. Et les autres dont Hans avait sauvé quelque chose n'osèrent pas être en reste : lard, sucre, pommes, pain blanc, etc. Hans était rayonnant quand il arriva à la fenêtre du Block 10 pour raconter ses aventures à Friedel.

« Demain, je t'en apporterai un peu.

– Gardes-en suffisamment pour toi.

– Bien sûr. »

Mais il savait qu'il lui en donnerait la majeure partie car, quand il l'avait aperçue à la fenêtre, il l'avait entendue tousser. Elle lui avait déjà demandé un médicament contre la toux. Il lui avait conseillé de prendre sa température, ce qu'elle avait fait plusieurs fois le soir. 37,3, 37,5 sous l'aisselle. « C'est sans importance », disait-elle.

Mais Hans avait peur. Il avait déjà reconnu ce nouvel ennemi : la tuberculose. Il se battrait contre la maladie, s'occuperait de Friedel. Lui envoyer de la nourriture, c'était tout ce qu'il pouvait faire, et il continuerait aussi longtemps qu'il le pourrait. Lorsqu'au lit ce soir-là il repensa à la manière dont il avait dupé le SDG, il se sentit heureux. Un calme descendit sur lui, un calme tel qu'il n'en avait pas connu depuis longtemps. Il s'endormit le sourire aux lèvres.

Un matin, Hans fut appelé chez le chef de baraque : « Van Dam, tu dois aller au Block de quarantaine. »

Hans prit peur, croyant qu'il allait de nouveau se faire éjecter du Krankenbau, mais Zielina, qui était là, se mit à rire et le rassura : « Il y a la scarlatine au Block de quarantaine, et ils ont besoin d'un médecin. Ces malades ne peuvent pas être admis à l'hôpital. Pas plus qu'ils ne peuvent le soir venir chercher les pansements à la grande Ambulanz. C'est pourquoi il faut un médecin pour se taper le boulot sur place. »

Une heure plus tard, Hans arriva au Block de quarantaine. Il fut conduit chez le chef de baraque, qui le reçut avec un petit sourire ironique : « Tiens, voilà monsieur le docteur. Maintenant, c'est donc vous le patron ici. Eh bien, vous tombez à pic. »

Il emmena Hans dans une des salles. Un rideau de couvertures délimitait un petit carré dans un coin de la pièce. Derrière se trouvait un simple bâti de trois lits superposés. En bas dormait le doyen de salle et au-dessus de lui, le secrétaire. Le lit du haut serait pour Hans.

Le doyen de salle lui donna quelques conseils sur comment se comporter au Block de quarantaine : pas d'excès de zèle et surtout ne pas prendre les choses trop à cœur.

S'il avait agi ainsi, tout serait allé au mieux. Pourtant, dès le début, Hans réclama la mise en place de toutes les mesures qui lui semblaient nécessaires. À la porte de chaque salle, il faudrait installer un récipient avec une solution désinfectante pour se laver les mains. Chaque matin, afin de détecter au plus vite les nouveaux cas de scarlatine, tous les pensionnaires devraient passer une visite médicale. Chaque soir aurait lieu une Ambulanz – une consultation externe. Il faudrait libérer une petite salle pour les malades qui, conformément aux instructions, ne pouvaient pas être transportés à l'hôpital et pour tous les cas douteux. Quelques médecins français qui se trouvaient en quarantaine seconderaient Hans dans son travail. Quand il présenta sa liste de desiderata au chef de baraque, ce dernier lui adressa à nouveau son petit sourire ironique : « À vos ordres, monsieur le docteur. »

Hans consacrait ses journées à essayer, malgré tous les obstacles, de mettre ces mesures en place. On ne disposait pas de récipients pour désinfectants. La pharmacie du Krankenbau refusait de délivrer des médicaments à un Block non hospitalier. Et le chef de baraque n'avait absolument pas la place pour une petite salle de malades : il hébergeait déjà 1 200 personnes qui dormaient à trois par lit.

Hans sentait cependant qu'il s'agissait davantage de mauvaise volonté que de réelles impossibilités. Du reste, c'était également l'avis de Heinrich, le doyen de salle et son compagnon de chambrée. À côté de son numéro, sur la poitrine, il portait un triangle violet, signe des *Bibelforscher**, les Témoins de Jéhovah. Chaque soir se tenait chez Heinrich une petite réunion des adeptes de sa foi. Ils n'étaient pas nombreux : cinq ou six dans tout Auschwitz. Mais il n'en avait pas toujours été ainsi, lui racontait Heinrich.

En Allemagne, on arrêtait systématiquement ceux qui, Bible à l'appui, démontraient la perversité du système nazi et prédisaient sa chute, à savoir les Témoins de Jéhovah. Il en allait de même pour ceux qui croyaient en d'autres prophéties, comme le message divin de la Grande Pyramide et les prophéties de Nostradamus.

À une époque, on comptait jusqu'à huit cents Témoins de Jéhovah à Dachau. Le commandant du camp les avait rassemblés sur la place de l'appel : « Qui croit encore en la vérité des prédictions bibliques ? » Toutes les mains se levèrent. Dix prisonniers furent choisis par les hommes du *Sturmabteilung** – la section d'assaut – et abattus sur place. Puis à nouveau : « Qui croit encore en... » À nouveau, toutes les mains se levèrent, à nouveau dix victimes tombèrent.

Et ainsi de suite. Mais à chaque nouveau cycle de cette danse macabre, il y avait plus d'indécis et moins de bras pour se lever, si bien qu'à la fin, après qu'en furent tombés quelques centaines, les plus résolus, il ne restait que des « convertis ».

Ils étaient parfois fatigants, ces Témoins de Jéhovah, car à tout propos et pas toujours à bon escient, ils vous sortaient une citation biblique. Mais ils étaient honnêtes, bienveillants et connaissaient tous les bons filons. « Prends garde, mon garçon, conseilla Heinrich à Hans. Ne les bouscule pas trop avec tes mesures. Sinon tu risqueras de graves ennuis. »

Le médecin SS passa quelques jours plus tard. Il s'emporta terriblement contre Hans parce que les diverses mesures de prévention d'une épidémie n'avaient pas été mises en place. Bêtement, Hans joua l'équipe : il n'évoqua pas ses demandes répétées ni le manque de coopération du chef de baraque. Maintenant ce dernier se méfiait de lui, car il croyait que Hans ne s'était tu que par peur.

Le seul encore à soutenir Hans dans ses efforts était un jeune collègue tchèque. Il était interné parce qu'il était homosexuel, mais n'étant pas juif et, le tchèque ressemblant au polonais, il pouvait mieux communiquer avec le chef de baraque. Aussi arrivait-il parfois à faire avancer les choses. Ivar devint un bon camarade. Il raconta à Hans ce qui lui avait valu ce triangle rose.

« Un homme du parti, à Prague, me devait de l'argent depuis longtemps. Quand j'ai insisté pour qu'il me rembourse, il m'a livré à la Gestapo, jurant m'avoir surpris en plein ébat homosexuel. Ben oui, Hans, tu sais comment fonctionne la justice allemande. Je n'ai jamais rien reconnu et rien n'a été prouvé. Mais un témoin nazi pèse deux fois plus lourd que le meilleur des alibis. J'aurais même pu prouver que je n'étais pas à Prague le jour du "crime", mais on ne m'en a pas donné l'occasion. »

Le lendemain, Hans fit personnellement l'expérience de la justice allemande. Il était dans les combles à s'occuper de dix malheureux malades couchés sur un petit tas de paille crasseuse, quand retentit le gong de l'appel. Une demi-heure s'écoulait au minimum entre le gong et l'arrivée du SS. C'est pourquoi le doyen de salle monta prévenir Hans qu'il l'inclurait dans le comptage. Mais quand Hans descendit peu après, le comptage finalement n'était pas tombé juste. Le chef de baraque, qui avait dû intervenir, engueula Hans comme un possédé lorsqu'il entra dans la salle du bas, le traitant de « salopard » et lui lançant à la tête cent autres injures en polonais.

Hans tenta de s'expliquer, de s'excuser, mais l'autre s'énerva de plus en plus et le frappa soudain au visage à coups de poing. Du sang jaillit du nez de Hans ; ses lunettes gisaient, brisées, par terre.

Mais il y avait plus grave que les lunettes en morceaux et le nez tordu – car l'os nasal avait été cassé net –, Hans était maintenant fichu dans ce Block de quarantaine. Tous les chefs de salle et leurs auxiliaires, les secrétaires et hommes d'entretien se moquaient de lui. Plus personne ne l'écouterait.

Hans en discuta, le soir, avec Krutkov, un des rares Russes à parler un peu allemand. Il avait dirigé un kolkhoze, une coopérative agricole d'environ 2 500 ouvriers. À l'arrivée des Allemands, ils avaient tous refusé de continuer à travailler. Beaucoup avaient été abattus sur place. Lui avait été déporté ici avec quelques centaines de ses hommes.

Ils avaient tous un triangle noir : « asociaux, réfractaires au travail ». Pensez donc, des gens qui, toute leur vie, avaient trimé comme des bêtes et transformé leur village de masures et de champs boueux en une immense et splendide exploitation agricole ! Des gens qui, mieux que quiconque, savaient ce que signifiait la communauté, celle des ouvriers et des paysans, et ce que représentait le fait de travailler pour elle, ces gens se voyaient ici traités d'asociaux. Quelle importance avaient donc ces triangles et la considération dont on jouissait, ou pas, ici ?

« Regarde les gens autour de toi, poursuivit le Russe. Une majorité de Polonais porte le triangle rouge marqué du P des politiques, mais je te garantis que 90 % d'entre eux sont des fraudeurs ou que leur action politique se résume à des inepties proférées en état d'ivresse. Le plus souvent, en revanche, les Allemands avec un triangle rouge sont de vrais prisonniers politiques dont certains sont déjà incarcérés depuis dix ans. Mais ils sont peu nombreux. La plupart ont déjà passé l'arme à gauche. Puis, tu as les Russes, qui, comme je viens de te le dire, ont généralement des triangles noirs alors qu'en réalité ils sont prisonniers politiques, car leur refus de travailler était un acte politique. La pire engeance, ce sont souvent les verts. La pointe du triangle vers le bas pour les BV, les *Berufsverbrecher**, criminels professionnels ; et vers le haut, pour les occasionnels. Dans les camps, ils vivent comme des pachas. Certains, en tant que Lagerälteste, ont la mort de centaines de codétenus sur la conscience. Mais tout est tellement arbitraire ! Je connaissais un Allemand de Cologne qui, en 1936, avait jeté d'un avion des pamphlets politiques – antinazis naturellement. Il a été arrêté et on a prouvé que pour imprimer ces pamphlets, il avait accepté de l'argent d'une organisation illégale. Du coup, ils lui ont collé un triangle vert – criminel. S'il les avait imprimés à ses frais, il aurait eu le rouge. »

Entre-temps, la nuit était tombée, et Hans dut aller jeter un coup d'œil à l'étage. C'était un grand grenier, où couchaient trois cents hommes, tous juifs, à même le sol en ciment. Quelques semaines plus tôt, un Juif avait été surpris en train d'uriner dans une gamelle. Parfois, ces détenus n'étaient pas autorisés à sortir de leur chambre pendant une demi-journée, or cet homme, souffrant d'un problème de vessie, ne pouvait pas se retenir si longtemps. Aussi, un ami d'un Block de travail lui avait procuré une gamelle à cet effet, mais ces explications ne furent pas acceptées. Il fut passé à tabac et, comme toujours quand un Juif faisait quelque chose de mal, tous les Juifs étaient traités de porcs. Le chef de baraque en avait profité pour les reléguer tous au grenier, libérant ainsi de la place pour les Polonais qui maintenant n'étaient plus que deux par lit dans sa salle.

Sous les combles, la pagaille était abominable : un sol en ciment non lissé, un toit qui fuyait et deux petites lucarnes pour fournir de l'air frais à trois cents hommes, couchés par terre dans leurs uniformes en toile, avec une couverture pour deux. La journée, ils devaient se serrer sur quelques poutres pour s'asseoir ou rester debout, car il n'y avait ni chaises ni tables. Ils vivaient ainsi depuis cinq semaines, car il leur était interdit de quitter le baraquement à cause de la scarlatine.

Tous les malades de tout le Block étaient entassés dans un coin délimité par des planches. La saleté y était repoussante. L'endroit présentait cependant un avantage : on ne s'y faisait pas piétiner par les centaines de détenus qui se traînaient d'un côté à l'autre du grenier.

Si un Polonais ou un Russe tombait malade, il en résultait toutes sortes de difficultés. Le patient préférait évidemment rester dans la salle du bas plutôt qu'être relégué en haut dans le coin crasseux des malades. Or les malades n'étaient pas autorisés à rester dans

Eddy a beaucoup aimé sa vie d'étudiant.
Pourtant, début 1941, l'occupant allemand oblige les universités à exclure les Juifs.
Eddy sera le dernier étudiant juif à obtenir son diplôme à Leiden.
Cette photo date probablement de 1939.

Avant la guerre, Eddy partait souvent en bateau sur les lacs et canaux des environs de La Haye. Ces souvenirs lui seront précieux pendant sa détention à Auschwitz.

Eddy était un musicien de talent, clarinettiste et saxophoniste.
Avant la guerre,
il faisait partie du jazz-band étudiant les *Rythm Rascals*.

En mai 1943, Eddy, médecin, et Friedel, infirmière, se marient dans le camp de Westerbork, sans aucun membre de leurs familles, mais entourés de collègues et de compagnons de détention.

Photographie de prisonniers à leur arrivée à Auschwitz avec, au premier plan dans la vitrine, des bagages apportés par les déportés.

Installation d'exposition, Centro de Exposiciones Arte Canal, Madrid, 2017 © Musealia

Photographies du cahier dans lequel Eddy a écrit *Terminus Auschwitz*, assis sur le bord de son lit dans l'ancienne chambrée des Polonais, au début de l'année 1945.

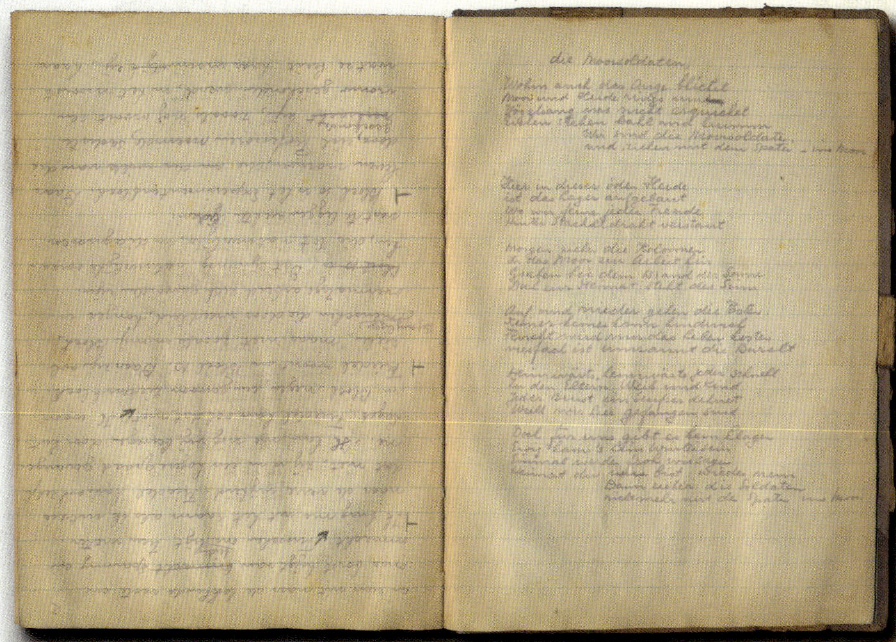

Après la libération d'Auschwitz par l'Armée rouge, un groupe de survivants issus de différents pays d'Europe dont fait partie Eddy passe quelques mois dans le camp. Les femmes que l'on voit sur cette photo sont originaires d'ex-Yougoslavie.
Eddy est à l'arrière-plan ; il s'apprête à prendre publiquement la parole pour remercier les soldats soviétiques.

Eddy de Wind un an avant sa mort, assis à son bureau.

les salles à cause du risque de contagion. En effet, il était impossible de distinguer, dans ses prémices, une angine avec quarante de fièvre de la scarlatine. Le patient magouillait alors avec le doyen de salle, qui en discutait à son tour avec le chef de baraque. Et les consignes de Hans n'étaient donc pas respectées.

Il était clair que, du point de vue de l'hygiène, le malade ne devait pas rester dans la salle. Mais, du point de vue du malade, il était compréhensible qu'il refuse d'aller au grenier, où il n'aurait ni calme ni air frais et ne serait pas soigné comme en bas.

Il n'y avait presque pas de pansements, et encore moins de médicaments. Pour deux jours, Hans recevait trente aspirines pour 1 200 personnes. Et combien de simulateurs y avait-il dans cette masse compacte ? Pourtant, ce n'avait pas été une mince affaire que d'obtenir ces trente comprimés : Hans avait dû les demander directement à Dering, le chef du Krankenbau.

Les malades restaient donc couchés dans leur coin. Certains avaient une forte fièvre et le mal de gorge les empêchait de manger des jours durant. Bien sûr, il y avait au Krankenbau une cuisine qui préparait des repas « diététiques », mais, pour y avoir droit, il vous fallait un mot du chef de baraque, qui n'avait jamais le temps. Hans fut cependant assez stupide pour aller se plaindre un jour à Dering de la situation du Block et des coups de poing du chef de baraque.

Dering commença par fulminer – c'était une honte, une insulte au Krankenbau qu'un Blockälteste frappe un médecin –, mais le Blockälteste intervint personnellement. Ils discutèrent un peu en polonais, et Dering se calma. Il tirerait l'affaire au clair.

Une heure plus tard, il convoqua Hans : « Tu n'as pas assez de tact pour cette situation. Tu retournes au Block où tu travaillais avant. »

Quand il réintégra le Block 9, on avait déjà appris l'affaire. Zielina, le médecin-chef, le railla pour s'être ainsi laissé marcher sur la tête.

Hans alla trouver Valentin, le chef de l'Ambulanz. « Tu as eu de la chance. Dering aurait pu en informer aussitôt le Lagerartz, et tu te serais retrouvé aussi sec dans une mine de charbon. Mais bon, que tu sois liquidé aujourd'hui ou la semaine prochaine...

– Quoi ? Que veux-tu dire ?

– Bien sûr, tu n'es encore au courant de rien, niquedouille ! Tu n'as pas entendu parler du *Pflegerabbau*, pardon du *Pflegertransport* ?

– Qu'est-ce que c'est ?

– La semaine prochaine, soixante infirmiers partiront pour Buna. À ce qu'il paraît, on y crée un nouvel hôpital.

– Ça n'a pas l'air si grave, répondit Hans.

– Qu'est-ce que tu peux être naïf, mon garçon, se moqua Valentin. Ils disent qu'ils iront à Buna comme infirmiers et médecins, mais tu verras que pas un seul n'ira au Krankenbau, sauf comme patient, après s'être d'abord à moitié tué au travail ! »

Cette nouvelle n'augurait rien de bon. Hans était arrivé au camp relativement récemment. Il serait sans doute transféré avant tous ceux qui y étaient depuis plus longtemps que lui. Le soir, il discuta de la situation avec Eli Polak et Klempfner, un collègue tchèque de la salle du haut. Klempfner avait passé quatre ans dans différents camps et connaissait bien la musique.

« Ne te tracasse pas, dit-il. Dix de ce Block doivent partir, mais tu verras que vous deux n'en serez pas.

– Comment le sais-tu ?

– C'est Zielina qui dresse la liste et il tient beaucoup à vous deux.

– Bah, il ne tiendra sûrement plus tant à moi après le ridicule dont je me suis couvert au Block de quarantaine, ironisa Hans.

– Ne dis pas ça, tu ne t'es absolument pas couvert de ridicule. Bien sûr, tu t'es montré trop fair-play, tu es bourré de scrupules. En voulant défendre les malades, tu as indisposé monsieur le Blockälteste, car ça lui donnait trop de boulot. Mais Zielina est un chic type et il voit très bien où le bât blesse. Il ne faut pas mettre tous les Polonais dans le même sac. »

Klempfner avait raison. Quelques jours plus tard, Zielina confia officieusement à Hans que tout était réglé : il les garderait, lui et Eli. À ses yeux, les

Hollandais étaient des gens corrects. Néanmoins, il y eut des victimes parmi les Hollandais : Tony Haaksteen et Gerard Van Wijk. Que Zielina ne les garde pas était compréhensible : ils n'étaient pas médecins et avaient passé très peu de temps au camp. Tony n'était pas populaire : il était nerveux, criait contre les patients et entrait régulièrement en conflit avec les autres infirmiers. Pour Gerard, c'était vraiment dommage, trouvait Hans. C'était un garçon doux et intelligent ; il semblait assez faible et avait déjà craché du sang à plusieurs reprises.

« Qu'est-ce qu'ils vont nous faire ? demanda Gerard.

– Eh bien, vous allez dans ce nouvel hôpital, c'est tout. »

Hans n'y croyait pas lui-même, mais à quoi bon inquiéter davantage ce pauvre garçon ?

Les infirmiers partirent un mercredi. Ils avaient été douchés et portaient de nouveaux vêtements. Ce qui était mauvais signe : les infirmiers ou médecins qui auraient réellement dû continuer à exercer leur « profession » n'auraient pas eu besoin d'échanger leurs « beaux costumes » contre des haillons.

Le jeudi après-midi, quand Hans arriva avec une marmite de soupe au Block 10, un vent de panique y soufflait. Le matin, le *Standortartz** Wirth, le médecin SS dont dépendaient tous les médecins-chefs du district d'Auschwitz, avait envoyé chercher le Pr Samuel au travail. Le bruit courait que ce dernier devait aller à Birkenau sélectionner du nouveau matériel féminin pour les expériences. Aussi, les femmes du Block croyaient-elles qu'elles seraient bientôt affectées aux commandos extérieurs. Après avoir subi les expériences, elles iraient crever dans une carrière de gravier.

Hans avait entendu une tout autre histoire et rassura Friedel : « Depuis quelques semaines, il y a un conflit entre Samuel et Clauberg. Samuel semble vouloir continuer à protéger le personnel et a demandé au Standortartz si quarante femmes "méritoires", qui travaillaient au Block et figuraient déjà sur sa liste, pouvaient rester exemptées des expériences de Clauberg.

– C'est sûrement ça, dit Friedel. Il y a tant de magouilles ici. Hier, Brewda s'est bagarrée avec Sylvia, l'assistante de Clauberg, une sale garce. Le mois dernier déjà, elle a dit que viendrait le tour du personnel aussi. Après deux ou trois ans au camp, ces femmes, qui ont un peu de pouvoir, oublient qu'elles-mêmes sont aussi prisonnières.

– Qui est Brewda ? demanda Hans.

– C'est notre actuelle Blockowa. Elle est médecin mais sabote les expériences dès qu'elle peut. »

Hans se rendit à l'étage du Block 9 pour avoir l'avis de Klempfner. « S'ils abattent Samuel à Birkenau, estimait Klempfner, Brewda ne restera pas Blockowa.

– Alors, ils prendront aussi le personnel pour des expériences ?

– Probablement. Mais est-ce si grave ? C'est mieux que l'autre version, à savoir que Samuel serait parti chercher de nouveaux cobayes. Mieux vaut recevoir les injections qu'être envoyée à Birkenau. Ces expériences ne sont pas si graves. Bien sûr, ces filles grecques ont été horriblement amochées, mais selon les rapports de Clauberg, il n'y a eu qu'un décès et quelques cas sporadiques de péritonite ; quant au pourcentage de stérilité, nous l'ignorons. »

Tout valait mieux que Birkenau, sur ce point Hans était d'accord avec Klempfner, mais pas sur celui selon lequel les expériences n'étaient « pas si graves ». « Quand bien même on ne toucherait qu'à un cheveu de ces femmes, le crime serait aussi inacceptable que la plus lourde des interventions, car le caractère du crime n'est pas déterminé par la gravité de l'expérience mais par la contrainte sous laquelle elle est réalisée. Du reste, si l'expérience était sans conséquences, ils n'auraient pas besoin de forcer des prisonniers à y participer. Pour un test sans gravité, je peux trouver des volontaires dans n'importe quelle clinique. Leur choix de prendre des prisonniers prouve bien qu'il y a là quelque chose d'inacceptable. Du point de vue économique, le progrès capitaliste se fait souvent aux dépens des ouvriers. Mais que l'entreprise IG Farben progresse aux dépens des corps de nos femmes, ça, même le capitalisme moderne ne l'approuverait pas ailleurs qu'en Allemagne.

– Tu as raison, répondit Klempfner. Il est en effet surprenant que, pour protéger le grand capital dont ils sont l'outil, les fascistes aient recours à des méthodes précapitalistes.

– Comment ça ?

– Prends leur système de pouvoir. Il fonctionne de manière purement féodale. Ici, au camp, tu en vois une forme épurée. Un camp est une sorte de duché. Le Lagerälteste est le suzerain par la grâce des SS. Il exerce son pouvoir en octroyant des privilèges. Les Blockältesten sont des comtes : de par leur position de petits potentats, ils peuvent “organiser”. Leur personnel est la basse noblesse qui terrorise le pays. Prends par exemple le portier de notre Block. Dans un hôpital normal, le portier touche un salaire pour le travail qu'il effectue. Ici, il devient un petit homme de pouvoir, qui exige une cigarette ou plus de chaque visiteur qu'il laisse entrer. Et pour chaque service rendu à un patient, il lui réclame son “dû”. C'est ainsi qu'il s'en sort. Seule la grande masse, qui n'occupe aucune position de pouvoir, crève de faim avec son litre de soupe et sa ration de pain. C'est le court-circuitage le plus grossier imaginable entre pouvoir et droit. Totalement antidémocratique, féodal. »

Au moment où Hans voulait redescendre, on l'appela.

« Hello Van Dam, tu es ici, toi aussi ? »

Au deuxième niveau d'un châlit était couché un grand jeune échalas, maigre comme un clou, trop faible pour se redresser.

« Lex, mon vieux ! Depuis quand es-tu ici ? »

C'était Lex Van Weren, le trompettiste de jazz, avec qui Hans avait quelquefois joué par le passé. « Tu sais que Jack de Vries est ici, lui aussi ? reprit Lex. Il travaille dans un des commandos miniers, et Maurice Van Kleef, il est dans l'orchestre de Birkenau.

– Comment ça ?

– À Birkenau, les Juifs peuvent jouer dans l'orchestre, une foule de Hollandais que tu connais en font partie, des gens comme Johnny and Jones et Han Hollander. »

Ils évoquèrent de vieux souvenirs, et Lex raconta comment ça se passait à Jawischowitz, dans la mine de charbon : « À deux, on doit fournir quarante charrettes par jour, c'est autant que les Zivilarbeiter, les mineurs professionnels. Sauf qu'eux, ils connaissent le métier alors que toi, si tu ne sais pas manier une pioche, impossible d'arracher le moindre morceau de charbon. Ce qui te vaut une raclée. Le premier jour, nous n'avons fourni que cinq charrettes. C'était si peu qu'ils ont appelé ça du sabotage. Mais je t'assure, on n'arrivait pas à en arracher plus. Comme punition, nous avons dû passer la nuit dans le *Stehbunker**, une cave trop basse pour tenir debout, mais où tu ne peux pas te coucher non plus car il y a plusieurs centimètres d'eau par terre. Tu restes donc toute la nuit dans le noir absolu en position penchée. Tu piges à quel point tu es patraque le lendemain et que ton travail ne donne strictement rien. Et à nouveau, on a droit à une raclée et d'autres punitions. Personne ne tient le coup. Les Zivilarbeiter reçoivent une nourriture normale avec un supplément pour mineur. Nous,

nous devons nous contenter d'une ration de pain et d'un litre de soupe. Quand les mineurs rentrent chez eux, ils ont la paix, ils peuvent dormir ou passer une heure au bistrot. Mais chez nous, c'était l'appel, et il fallais se mettre à genoux, couché, à plat ventre, dans la boue, "debout, couché, debout", et ainsi de suite des heures durant. Puis dans ta cage*, un bat-flanc pour huit hommes, un endroit jamais calme et où tu te les gèles. À quatre heures du matin, on te réveille, et ça recommence. Être malade ? Tu n'en as pas l'occasion. Tu as la diarrhée ? Au boulot ! De la fièvre ? Au boulot, jusqu'à ce que tu sois à deux doigts de crever. Et puis les dangers, en bas ! Il n'y a quasiment pas de mesures de sécurité dans les boyaux où travaillent les prisonniers. Des accidents surviennent à tout moment. C'est stupide, car la production en souffre. Nous étions mille il y a six mois, à notre arrivée de Hollande. Trois cents hommes ont été sélectionnés. Le reste a sûrement été gazé. Nous, les trois cents, nous sommes allés à la mine. Il n'y a maintenant plus qu'une quinzaine de survivants. J'ai eu de la chance : un jour, le Lagerälteste s'est amené avec un vieux cor de chasse qu'il avait dégoté je ne sais où et il m'a demandé si c'était vrai que je jouais de la trompette. Alors j'ai joué *Stille Nacht, heilige Nacht* pour le Rapportführer. C'était la période de Noël et, toute la soirée, ils ont voulu entendre la même chose : *Douce nuit, sainte nuit*. Je ne pouvais m'empêcher de repenser à la nuit dans le Stehbunker. Enfin, je suis passé Stubendienst. Je n'avais plus à descendre dans la mine, mais à nettoyer la baraque, aller chercher du pain et ce genre de corvées. De temps en temps, jouer pour ces messieurs, ce qui me valait un petit rabiot de nourriture. Oui, tu dois avoir un petit quelque chose de spécial, sinon tu y passes, sans merci.

– Tu l'as dit, bouffi !, le coupa une voix espiègle provenant du troisième étage du lit.

– Quel genre de farceur es-tu ? demanda Hans en levant la tête.

– Je m'appelle Menko et suis effectivement un farceur, mais c'est surtout aux SS que je fais des farces. Je suis prisonnier depuis janvier 1941. »

Hans eut l'air incrédule : « En janvier 41, il n'y avait pas encore de convois pour la Pologne.

– Non, j'ai été arrêté avec les Gueux. Lors du procès des Gueux en 1941[1], j'ai été condamné à mort. »

Un autre Hollandais se mêla à la conversation : « Que fais-tu donc encore ici ?

– Vous aussi, vous êtes un farceur, mon bon monsieur, mais vous manquez vachement d'esprit. Je vais pourtant vous répondre. Je suis passé par au moins douze prisons et autant de camps. Mais comme c'est si souvent le cas avec les condamnés à mort, ils

1. Les Gueux était un groupe de résistants hollandais démantelé par les Allemands à la fin de 1940. Il avait pris ce nom en référence au sobriquet de « gueux » dont s'affublèrent les protestants des Pays-Bas lorsqu'ils s'opposèrent à l'Espagne catholique de Philippe II au XVIe siècle. (Note de l'éditeur.)

attendent leur exécution et elle ne vient pas. Le plus fort, c'était à Buchenwald, il y avait là des centaines de condamnés à mort. De temps en temps, un convoi partait pour le *Nebellager* Natzweiler[1].

– Pourquoi il s'appelle Nebellager (le camp du brouillard) ?

– Patience, messieurs. À Natzweiler, les exécutions ont lieu "*zwischen Nacht und Nebel*", entre nuit et brouillard, aux premières lueurs de l'aube, une notion mystique païenne. Ces Germains, de race supérieure, sont pleins de ces petits traits ataviques. Enfin, je devais donc prendre un convoi pour Natzweiler. Mais vu qu'à Buchenwald les prisonniers politiques occupaient les positions clés dans l'administration et tout le toutim, le jour où Sachsenhausen – l'ancien Oranienburg – a réclamé un convoi d'ouvriers qualifiés, ils ont envoyé un maximum de condamnés à mort. C'est ainsi qu'après avoir été envoyé à gauche et à droite, j'ai atterri à Auschwitz, où je me trouve parfaitement bien. La semaine dernière, avec mon pauvre corps de musulman, j'ai été inscrit sur la liste de la sélection. Le lendemain, tous ces idiots sont partis, mais moi, j'ai de nouveau fait une farce. Ici, dans le fichier, je ne suis pas inscrit comme Juif, mais comme *Schutzhäftling**, détenu de "protection", comme ils disent. Je ne fais donc pas partie des millions d'anonymes qui

1. Il s'agit du camp de concentration du Struthof, situé en France, sur les hauteurs de la commune de Natwiller, dans le Bas-Rhin. (Note de l'éditeur.)

disparaîtront en fumée. J'ai des documents pour le prouver, j'ai un procès en cours. Je ne peux mourir qu'exécuté, mais ils ne m'exécuteront pas ici, à Auschwitz. Ils se disent qu'en tant que Juif, je crèverai bien de moi-même.

– Ces choses-là arrivent fréquemment, raconta Hans. Il y a, à Birkenau, un certain Boas, un professeur de français d'Amsterdam. Il travaillait avec de faux papiers comme interprète pour les ouvriers sur les côtes de la Manche. Il a été arrêté avec deux amis : procès pour espionnage, tous trois ont été condamnés à mort. Ses amis, qui avaient caché qu'ils étaient juifs, ont été aussitôt fusillés, mais Boas a reconnu qu'il était juif. L'officier SS lui a dit : “Toi, le Juif, tu vas à Auschwitz. Là-bas, c'est à genoux que tu supplieras qu'on te tue, tellement on t'en fera voir.” Maintenant Boas est dans un bon commando et s'il continue à avoir de la chance, il aura sauvé sa peau, justement parce qu'il est Juif. »

Avec tous ces infirmiers qui étaient partis, Hans avait maintenant fort à faire. Il trimait du gong du matin jusqu'à la nuit, au gong du coucher. Dès l'aube, juste après le lever, il y avait Kesselkommando : aller chercher le thé, le distribuer, laver les assiettes et faire le lit. Entre-temps, le chef de chambrée avait déjà commencé à passer la serpillière, car à huit heures au plus tard, tout devait être propre. Le SDG venait alors inspecter.

Ensuite, il y avait toutes sortes de corvées dans le baraquement. Un jour, c'était le grand nettoyage du couloir et toute la matinée se passait à verser des seaux d'eau, à brosser et éponger ; un autre jour, il fallait aider le Scheissmeister à récurer les latrines. Tantôt il s'agissait de décharger du charbon, puis d'un énième épouillage dans la salle du haut parce qu'on y avait de nouveau découvert des poux. Le travail était pénible, car pour un Block de quatre cents malades, il n'y avait que trente infirmiers dont la moitié étaient des Prominenten :

Polonais, Allemands du Reich (les Allemands de souche) et des petits numéros, inférieurs à cinquante mille, qui ne pensaient qu'à « organiser » pour se procurer un maximum de nourriture. Il restait à peine dix hommes pour se charger des travaux pénibles. Puis venait la soupe de midi, avec la répétition des rituels du matin.

Un jour, après la soupe, arriva un messager du Block 21 : « Rollkommando ! » Trente hommes durent se mettre en marche, sans chariot cette fois. Ils se rendirent à l'ancien *Krematorium**, à deux cents mètres du camp, qui n'était plus en service. Depuis que toutes les opérations de destruction se faisaient à Birkenau et qu'il n'y avait plus à Auschwitz qu'une mortalité « normale », les quelques cadavres partaient le soir en fourgon funéraire pour les fours de Birkenau.

Dans une salle du Krematorium se dressaient d'énormes piles de boîtes en fer-blanc : les urnes des Polonais qui y avaient été brûlés. Contrairement aux Juifs, les « Aryens » étaient brûlés individuellement. On plaçait sur leur cadavre une petite pierre avec un numéro et les cendres étaient recueillies dans une urne en fer-blanc. La famille recevait alors un avis de décès et pouvait réclamer l'urne. Mais au fil des ans s'étaient accumulées là quarante mille urnes qu'il fallait maintenant déménager dans une autre salle.

Les détenus réquisitionnés formèrent une longue chaîne à travers les caves où se trouvaient les trois grands fours et commencèrent à se lancer les urnes comme s'il s'agissait de fromage ou de pain. Jamais

Hans ne vit passer autant de morts entre ses mains que durant ces quelques heures. Les boîtes étaient complètement rouillées et, quand une tombait par terre, elle se cassait. Ce qui ne dérangeait personne : armé d'un balai, un des hommes poussait alors les cendres en tas. Qui les réclamerait ?

Ils revinrent au Block au moment de l'appel, qui ne dura que quelques minutes. Rassemblement, arrivée du SDG et annonce du chef de baraque : « Block 9, 31 Pfleger rassemblés pour l'appel, pas de malades. » Puis le SDG fit un signe de la main et ils purent rompre les rangs.

Après l'appel, Hans dut se rendre à l'étage pour aider le Dr Valentin à la consultation externe. Il y avait un raffut du diable dans l'escalier. Zielina, nerveux comme toujours, s'était violemment emporté contre un patient qui voulait aller aux latrines sans sabots, pieds nus donc, ce qui était strictement interdit. Dans sa fureur, Zielina le frappa au visage mais, comme il avait bon cœur, quand le type éclata en sanglots, il en fut plus bouleversé que lui. Il courut au rez-de-chaussée et revint avec un morceau de pain, du pain maison, de son colis personnel, qu'il offrit au bonhomme. Les années de camp de concentration n'avaient pas manqué d'imprimer leur sceau sur Zielina, sans pour autant parvenir à le pervertir complètement.

À l'Ambulanz, Valentin était déjà occupé à vociférer. À moitié juif, il avait été médecin dans la marine. Pas un méchant, mais un vrai Prussien. Il vous gueulait dessus à la moindre occasion, mais si vous répondiez d'un regard éperdu, il éclatait de rire.

« Tiens, regardez qui voilà ? Alors, tu as vu de la lumière et tu as décidé de te pointer ? Tu penses qu'on entre ici comme dans un de tes moulins hollandais ? Au fait, espèce de naïf, tu croyais que les Pfleger allaient au Krankenbau de Buna ? J'ai reçu des informations. Ils ont tous été envoyés en commando extérieur. Enfin... » Et s'adressant aux médecins qui étaient venus l'aider à poser les pansements : « Venez un moment avec moi, je vais vous montrer quelque chose. »

Ils s'approchèrent d'un lit où un patient était secoué d'un terrible hoquet. « Voilà trois jours qu'il est comme ça, raconta Valentin, et quoi que je fasse, ça ne sert à rien. En plus, il a une forte fièvre depuis une semaine, jusqu'à quarante le soir. Qu'est-ce que c'est, à votre avis ? »

Ils réfléchirent un instant.

Hans suggéra : « C'est peut-être une méningite. Ça provoque souvent des phénomènes d'irritation nerveuse, comme le hoquet.

– Faux, dit Valentin. C'est un typhus exanthématique sans rougeur, une affection courante. Cet homme vient d'un camp contaminé.

– Ce n'est pas dangereux de le garder dans cette salle ? demanda un des Français.

– Pas du tout, nous n'avons pas de poux en ce moment et il a été bien désinfecté. Je n'ai pas l'intention de le dénoncer. Ce ne serait pas la première fois que tout un Block passerait à la chambre à gaz pour avoir hébergé un cas de typhus exanthématique. Donc pensez à fermer votre gueule. »

Puis commença la parade. Par la porte arrière de la salle de consultation entraient les malades, chemise retroussée ou enlevée, selon l'endroit à bander. C'étaient souvent d'horribles plaies, furoncles et abcès, le pire étant qu'on les pansait avec du simple papier. Au bout d'une demi-heure, la puanteur dans la pièce était presque intenable. De surcroît, tout était gras et crasseux à cause du Mitigal, remède contre la gale, un des rares médicaments disponibles.

Soudain, Eli entra en trombe : « Vous savez que Kalker est mort ? »

Cette nouvelle les sonna. « Ça n'aura donc servi à rien ? demanda Hans.

– Non, c'était trop cher. Il nous aurait fallu beaucoup plus de sulfamidés, mais aucun Hollandais n'avait assez de provisions pour les payer. »

Ils parlèrent encore un peu, jusqu'à ce que Valentin les rappelle rudement à l'ordre : « Gardez vos commérages pour l'heure du thé. Déjà au pays, je devais tout me farcir, mais ici, merci bien ! »

Voilà qu'arrivait le chef de baraque. Il avait besoin de quatre hommes. Hans fut du nombre. Ils partirent avec le SDG vers le Block 21, où ils prirent une table d'examen pour la porter au Puff. Il y avait foule devant le bordel : une longue file d'Allemands du Reich et de Polonais – les Juifs n'y avaient pas accès.

Les affaires n'avaient pas encore commencé et, à l'étage, les dames, agglutinées, négociaient avec le médecin et les infirmiers chargés de la surveillance. Un médecin devait être présent quand les hommes entraient et payaient leur mark – des marks qu'ils gagnaient comme prime de travail. Il leur faisait une piqûre et leur apposait un cachet sur le bras gauche et, quand ils en avaient terminé, un quart d'heure plus tard, ils avaient à nouveau droit à une piqûre et un cachet sur le bras droit. À la sortie se tenait un SS qui contrôlait s'ils étaient bien décorés des deux cachets. On empêchait ainsi la propagation des maladies sexuelles.

Une des dames tira Hans par l'oreille : « Que fais-tu ici, mon garçon, tu n'as pas le droit, toi, n'est-ce pas ?

– Occupe-toi de ton travail, je viens ici pour le mien, ironisa Hans.

– Oui, oui, répondit-elle. *Arbeit macht frei... Krematorium drei* (le travail c'est la liberté... crématorium 3) ! »

Il était déjà tard lorsque Hans rentra au baraquement et comme toujours avant de se coucher, il dut balayer la chambre. Il était loin d'avoir fini quand arriva le Blockälteste, qui poussa une gueulante parce que la lumière n'était pas encore éteinte alors que le gong du soir avait déjà sonné. Hans se déshabilla vite et se mit au lit.

La journée avait été longue, seize heures de travail d'affilée ! Et pour quel résultat ? Longtemps encore, jusqu'à ce qu'il s'endorme enfin, le persiflage de la mère maquerelle lui résonna dans les oreilles.

« *Arbeit macht frei... Krematorium drei !* »

Ainsi s'écoulait le temps. Hans et Friedel avaient des hauts et des bas. Les sélections revenaient régulièrement, avec chaque fois de nouveaux amis à regretter. Et pas seulement parce qu'ils étaient épuisés ou mourants.

Même ceux qui avaient un emploi au camp n'étaient pas épargnés. Sans arrêt des convois quittaient Auschwitz pour d'autres camps. Avoir été affecté à un bon commando ne garantissait pas contre les sélections. Après le départ, généralement, la fin venait vite. Qui pouvait survivre au travail dans les mines ? Qui était capable de draguer quatorze heures par jour du gravier dans la rivière, souvent avec de l'eau jusqu'à la taille ? Qui pouvait supporter les coups répétés et résister aux infections ?

Le printemps arriva et, avec le printemps, quelques rares oiseaux qui s'aventuraient dans ce recoin glacé de Silésie, sous ce climat rigoureux au nord des Beksides. Mais avec le printemps arriva aussi le soleil, et le soleil était vif. Il s'infiltrait partout. Aucun barbelé, aucun mur, aucun SS ne pouvait l'arrêter.

Avec le soleil, il y eut même comme une renaissance chez tous ces condamnés à mort, un regain d'espoir jaillissait dans les cœurs, pareil aux jeunes feuilles qui éclosent des petits bourgeons pour capter les rayons de la lumière nouvelle. L'air était légèrement humide, le ciel bleu clair, le rythme du cœur s'accélérait quand il goûtait le printemps, comme si le sang devenait plus fluide et coulait dans les veines avec un élan retrouvé. Comme si l'âme frémissait dans le corps, en écho à la vibration de l'air au-dessus des verts pâturages. Une tension s'emparait d'eux, aussi vieille que l'histoire de l'humanité, mais néanmoins nouvelle après cet hiver qui avait glacé leur âme.

Et quand Hans et Friedel se tenaient à la fenêtre de leur baraque, qu'ils se regardaient – inatteignables – et regardaient les montagnes – inaccessibles –, ils se sentaient comme Adam et Eve nostalgiques du paradis – sauf qu'eux n'en avaient pas été chassés, ils n'y étaient jamais entrés. Dans un profond soupir, leurs âmes quittaient leurs corps enchaînés et s'écoulaient dans le vague du lointain.

Alors, l'espace d'un instant, le camp n'existait plus, les atrocités disparaissaient, le fil et le mur aussi. Leurs âmes, unies entre elles et avec l'Univers, s'éloignaient en ondulant par-delà la rivière et les marais vers la splendeur bleue de cette terre promise à l'horizon. Leurs regards se tournaient alors l'un vers l'autre, et jaillissait en eux ce simple mot, qu'ils ne prononçaient pas mais entendaient l'autre dire malgré cette distance qui les séparait : « Quand ? »

Quand serait assouvi leur désir de liberté, leur amour dans la liberté ? Libres et ensemble, cela semblait inconcevable. Une peur atroce les transperçait quand ils pensaient au camp de la mort dont ils étaient prisonniers. Et quand le fantasme se dissipait, ramenant leur conscience à la réalité du baraquement, elle s'agrippait au grillage et lui se cramponnait au rebord de la fenêtre, comme si tous deux, dans un ultime effort, voulaient briser quelque chose, cette chose qui entravait tout.

Puis ils soupiraient à nouveau, mais c'était un soupir différent de l'instant d'avant. Un soupir plein de dépit et de chagrin, de nostalgie de ce pays rêvé où ils ne croyaient pas pouvoir habiter un jour.

Ce soir-là, Hans ne se sentait pas bien. Il se coucha directement après l'appel et demanda à un de ses compagnons d'aller lui chercher un thermomètre à l'Ambulanz. Il avait une très légère fièvre et comprit qu'il souffrait surtout des tensions que le printemps avait éveillées en lui.

Pourquoi ne prendrait-il pas quelques jours de repos ? Paul fermerait les yeux, il était amoureux. Depuis des semaines, il s'asseyait à la fenêtre de sa chambre et cherchait à apercevoir une petite Juive hollandaise qui s'avérait extrêmement gentille envers ce brave homme plus âgé. Car Paul était vraiment un brave homme depuis qu'il était amoureux. Il ne houspillait plus les infirmiers, ne jurait plus. C'était un amour honnête de la part de Paul : un amour désintéressé, compatissant.

Il avait conclu un pacte avec Hans : Hans se chargeait de passer ses messages et colis quand il allait au Block 10. Et Paul laissait Hans tranquille autant que possible. Hans pouvait donc aisément se faire porter pâle deux ou trois jours, personne ne lui demanderait des comptes.

Via les porteurs de marmites, il envoya un mot à Friedel pour la prévenir qu'il prenait quelques jours de repos et qu'il n'y avait pas à s'inquiéter. Le lendemain, il reçut une longue lettre en réponse.

Mon cher petit mari,

Je suis contente que tu prennes un peu de repos afin de te ménager. Je peux très bien rester quelques jours sans te voir et sans que tu me procures de supplément de nourriture.

La journée d'hier a été particulière. Comme j'en avais fait la demande depuis longtemps à la Blockowa, j'ai enfin été autorisée à accompagner le *Krautenkommando**. Nous avons pris la route à huit heures du matin. Nous avons beaucoup marché, jusqu'aux environs de Birkenau. Là, j'ai vu Lotte Spatel et les autres filles qui avaient quitté notre Block le mois dernier. Certaines parce que les expériences étaient terminées, d'autres parce qu'elles avaient raté.

Et d'autres encore, comme Lotte et les communistes françaises, qui avaient refusé de se soumettre aux expériences.

En tout, elles sont soixante-dix à être parties par convoi il y a trois semaines. Ça serre le cœur de les revoir à Birkenau. Qu'est-ce qu'elles ont changé ! Entièrement chauves et pieds nus, avec, pour couvrir leur corps, un simple morceau de jute, maintenu par une corde. Sais-tu, Hans, ce ne sont plus des femmes, mais des créatures. Complètement asexuées. Et encore ! Elles semblent relativement tenir le coup, mais pour combien de temps ?

J'ai un peu parlé avec Lotte, elle a vite griffonné quelques mots pour son mari Heini, mais la surveillante l'a surprise et l'a giflée. Elle s'est alors remise à transporter des pierres. Tu as raison, à Birkenau, je ne tiendrais pas longtemps. Je tousse déjà tant.

C'était une journée magnifique, nous avons ramassé des plantes dans les bois. De la camomille et toutes sortes d'herbes médicinales qu'on utilise ici pour faire des tisanes curatives. Quelle joie ! Dans chaque petite tige, dans chaque petite fleur, on sentait le printemps. Alors qu'ici au camp, tout est encore sec et mort, la forêt revit déjà, avec des oiseaux et des jeunes pousses bourgeonnantes.

Nous sommes rentrées en fin d'après-midi. J'étais morte de fatigue. C'est que je n'en ai pas l'habitude.

La soirée a été horrible, car hier après-midi il y avait eu *Standgericht**, une sorte de cour martiale. Trois voitures sont arrivées avec des « juges ». Plus de trois cents Polonais d'un village des environs – toute sa population en fait – avaient été arrêtés. Seuls deux ont été acquittés.

Les exécutions ont eu lieu dans la soirée. Nous avons tout entendu. Ça se passait dans la cour intérieure du Block 11, voisin du nôtre. De ce côté, nos fenêtres sont condamnées par des volets, et la Blockowa a veillé à ce que nous ne regardions pas par les fentes, sinon ils auraient sûrement tiré sur les fenêtres.

L'ambiance était plus pourrie que jamais. Les préposées à l'entretien fulminaient, et la secrétaire du Block se déchaînait sur nous. Ce sont toutes des Slovaques qui sont restées longtemps à Birkenau. Bien sûr, elles ont vécu des choses abominables là-bas, mais du coup maintenant elles se sentent autorisées à nous infliger la même chose. « Si tu étais passée par Birkenau, il y a longtemps que tu ne vivrais plus », disent-elles. Et c'est pourquoi elles nous maltraitent à notre tour. Toujours la même manière de se défouler sur les autres.

Les tirs ont commencé à sept heures. Nous étions particulièrement nerveuses, et l'atmosphère était extrêmement oppressante. Chaque nouvelle salve nous traversait. C'était comme si nous étions les prochaines, tant la sensation était intense.

Feu, salve, déblaiement des cadavres. Et ainsi de suite. Et de nouveau, ces cris des condamnés. Une fillette qui demandait grâce parce qu'elle était encore si jeune et qu'elle aurait tant voulu vivre. Les hommes qui criaient toute sorte de slogans comme : « *Hitler verrecke !* » et « *Es lebe Polen !* » Mort à Hitler ! Vive la Pologne !

Ah, ces derniers temps, l'ambiance dans notre Block est exécrable. Sûrement parce que c'est le printemps et que tu es coincée avec quelque deux cents femmes dans cette pièce obscure à attendre qu'on t'appelle. Et ils en appellent tellement !

Maintenant, je peux t'en dire plus, car je sais à peu près ce qu'ils font. En ce qui concerne ces expériences de Schumann, tu vois de qui je parle ? Il prenait des filles grecques d'environ dix-sept ans. Il les plaçait dans un champ électrique à ondes ultracourtes, leur posait une plaque sur le ventre et une sur les fesses. Ça leur brûlait les ovaires et le courant électrique leur causait d'affreuses blessures. Elles souffraient énormément. Après leur guérison, ils leur ouvraient le ventre pour voir les dégâts internes, et notamment sur les ovaires.

Slawa m'a expliqué la folie de ce projet : ils veulent trouver une méthode facile de stérilisation, pour l'appliquer à différents peuples comme les Polonais, les Russes, et pourquoi pas, si ça les arrange, les Hollandais. Mais de cette manière, les femmes ne sont pas seulement stérilisées mais castrées.

Une fois les expériences terminées, les filles partaient pour Birkenau ; un mois plus tard, elles revenaient pour des traitements de contrôle. Schumann prélevait les ovaires pour étudier leur état. Imagine : il a réalisé neuf « opérations » du ventre en deux heures et quart. Les instruments n'étaient même pas nettoyés entre deux.

Il y a aussi les expériences de Samuel, sur lesquelles tu en sais plus que moi. Il s'est « occupé » de presque toutes les femmes, près de quatre cents. Elles souffrent affreusement. Enfin, tu le sais. Et il ne prélève certainement pas juste un petit morceau de muqueuse, car ces femmes ont des troubles terribles et doivent toutes être suturées.

Après l'échec de Schumann est arrivé le Pr Clauberg, un gynécologue réputé de Katowice, à ce qu'il paraît. Il injecte un liquide blanc, comme du ciment, dans l'utérus des femmes et les radiographie. Clauberg dit que c'est pour trouver un substitut au Lipoïdol. On raconte qu'en Allemagne, ils n'ont plus d'iode à utiliser comme liquide de contraste. Je ne sais pas si c'est vrai, il se peut qu'il s'en serve aussi pour trouver une méthode de stérilisation.

Bon, assez de choses déplaisantes pour aujourd'hui. Ne te fâche pas si je n'écris pas de choses plus agréables, mais tu voulais tant avoir une idée exacte de ce qui se passe ici. Bonsoir petit mari, repose-toi bien...

Suivaient alors cent mots doux et souhaits gentils qui réveillèrent en Hans son désir de la voir. Il bondit hors du lit et s'habilla. Il était deux heures et demie de l'après-midi et le Kesselkommando était passé depuis longtemps. Mais il avait besoin de lui parler un instant, la consoler et essayer de lui insuffler un peu de courage.

La porte du Block 10 était ouverte. La gardienne n'était pas là. Hans hésita une seconde puis, pour la première fois, il entra, tout simplement, sans marmite. Dans le couloir, il croisa une Hollandaise qui partit lui chercher Friedel. Au moment où elle arrivait, la gardienne déboula et se mit à hurler. Comment osait-il, en pleine journée ! Si elle s'était un peu maîtrisée, tout se serait bien passé, mais elle hurlait tant que ça devait mal finir. Hans commençait à s'inquiéter. Soudain, Goebel se dressa devant lui.

Le Dr Goebel était un homme minable, habillé en civil d'un pantalon de cheval, qui n'allait pas du tout avec ses jambes de coq, et d'une veste de sport légère, qui lui donnait l'allure d'un petit fonctionnaire ayant dégoté ses affaires dans un vide-grenier. Il était détesté et craint des femmes.

Clauberg pouvait se montrer accommodant et acceptait souvent d'épargner une femme si elle avait une bonne raison de demander de ne pas recevoir d'injection. Mais Goebel était arrivé deux semaines plus tôt dans le secteur et semblait être au Block 10 comme une sorte de contrôleur. Il se mêlait de tout et forçait toutes les femmes, impitoyablement, à se soumettre aux expériences. Il n'était pas docteur en médecine mais en chimie chez IG Farben, l'entreprise qui finançait les tests et avait des intérêts dans les nouvelles substances liquides. Grossier et sarcastique,

Goebel montrait la méchanceté typique de ceux qui n'ayant pas la pratique du pouvoir s'en voyaient soudain investis.

« Monsieur se croit au casino ? »

En général, Hans n'avait pas de difficultés à s'excuser, mais ce jour-là, la haine éclata en lui. Il eut tant de mal à la contenir et à ne pas sauter à la gorge du bonhomme qu'il ne réussit qu'à bredouiller des sons incompréhensibles.

« Bon, je suis sûr qu'on va trouver une solution », déclara le chefaillon en notant le numéro inscrit, à gauche, sur la poitrine de Hans. Hans s'en alla l'oreille basse et ne parla à personne de sa mésaventure. Le lendemain matin, Paul se pointa.

« Qu'est-ce qui t'arrive, mon garçon ? Le secrétariat m'a donné ton numéro. Tu dois te présenter à la barre. » À la barre, c'est-à-dire chez le Rapportführer. Il dut attendre dans le petit couloir du bureau du chef de Block.

Kaduk, le Rapportführer appela : « 150 822.

– *Zum Befehl* (À vos ordres).

– *Überstellung** Strafkommando Birkenau » (transfert au commando disciplinaire de Birkenau).

Hans était encore abasourdi quand débarqua le SS chargé de l'escorter. Les jambes plombées, il lui emboîta péniblement le pas. À mi-chemin entre les deux camps, un grand viaduc enjambait la gare de la ville d'Auschwitz. La route bifurquait alors de la ligne de chemin de fer et après un demi-kilomètre environ, on arrivait à Birkenau. La voie ferrée et la route passaient sous un portail ménagé dans le bâtiment principal et formaient l'axe central du gigantesque océan de baraques.

Huit ou dix allées traversaient perpendiculairement la voie ferrée. Chacune était bordée d'une rangée de trente-cinq à quarante baraques. La partie gauche du camp s'appelait FKL : *Frauenkonzentrationslager**, le camp des femmes. À droite, c'était le soi-disant *Arbeitslager**, camp de travail de Birkenau. Soi-disant, car en réalité, la situation y était pire qu'au FKL. Ici se trouvaient surtout les crématoires, quatre au total.

Appels et contrôles, distribution de nourriture et commandos auraient été impossibles à coordonner si on avait laissé les deux cent mille *Birkenauers*, les prisonniers de Birkenau, se déplacer librement sur l'ensemble du terrain. C'est pourquoi chaque allée transversale, avec ses rangées de baraques, formait un camp distinct, séparé des autres par du fil barbelé, chacun ayant son numéro, ou sa lettre. Ainsi, un mari et sa femme ou une mère et sa fille pouvaient vivre tous les deux à Birkenau pendant des mois sans même être conscient de la présence de l'autre. Car tous les camps étaient strictement séparés et la communication n'existait – de manière imparfaite – qu'avec les camps immédiatement voisins.

Pourtant, bien que périlleux, les contacts entre hommes et femmes étaient ici plus faciles que dans le petit camp d'Auschwitz I, beaucoup plus facile à surveiller. Lors de la distribution de nourriture et en diverses autres circonstances, hommes et femmes se cherchaient et se trouvaient. De par leur travail, les kapos surtout et les autres chefs d'équipe avaient souvent l'occasion d'être en rapport avec des femmes. De nombreux commandos féminins étaient même dirigés par des prisonniers de sexe masculin et beaucoup de détenues s'estimaient même heureuses d'avoir un « riche » ami, par exemple, un qui poussait un chariot de pain et pouvait donc lui procurer de quoi calmer sa « faim de nourriture » en échange de l'assouvissement de sa « faim d'amour » à lui.

Un soir, Hans rencontra un ancien de Buchenwald. Ils parlèrent de l'abjection d'Auschwitz, où la déchéance morale des détenus était plus importante que dans n'importe quel autre camp.

« À Buchenwald, les prisonniers politiques ont réussi après bien des luttes à prendre en main la direction interne du camp. Quelques SS y auraient même participé. Si un vert – un criminel professionnel donc – se montrait trop grande gueule, il recevait aussitôt une convocation au Revier. Là, on lui faisait une piqûre, et c'était fini.

– Les conditions sont-elles meilleurs qu'ici ? demanda Hans.

– "Organisieren" est un verbe qui n'a pas cours à Buchenwald. Le vol est concerté – on réalise des raids dans les entrepôts SS – et au profit de tous. Un cuistot qui vole quelque chose à la cuisine est abattu séance tenante. Quelqu'un qui troque des cigarettes contre du pain est lourdement puni. »

C'était différent à Auschwitz. Ici, toute la journée, chacun ne pensait qu'à la manière de chaparder le plus possible, et ce généralement aux dépens de ses camarades. De véritables marchés noirs apparaissaient durant les minutes de liberté, après l'appel.

« À Buchenwald, le bordel est boycotté par les prisonniers politiques, aucun Hollandais n'y a jamais mis un pied, affirmait l'ancien de Buchenwald. Ici, c'est différent. Les non-Juifs, qui sont donc autorisés à aller au bordel, ne s'en privent pas. À Birkenau, les relations entre hommes et femmes, en plus d'être illégales, sont de la prostitution pure et simple. »

Hans trouva cette formulation excessive. « Tu ne peux pas appliquer au camp les normes habituelles de la société. Il ne faut pas juger sévèrement une fille qui se donne pour un quignon de pain ou un litre de soupe.

– Mais, c'est la même chose avec les prostituées, non ? Combien de fois arrive-t-il qu'une femme ait un enfant illégitime avec un homme qui l'abandonne ? Elle est alors exclue de la société et, pour gagner sa vie et celle de son enfant, il ne lui reste que la prostitution. »

Toute la journée, il fallait se dépêcher. Hans était dans un *Bauhofkommando**. Sans interruption, de longues files d'hommes transportaient des pierres ; ou parfois des traverses de chemin de fer ou encore de lourdes poutres en fer qui vous arrachaient la peau des épaules. On ne vous frappait pas souvent. Le Strafkommando, le commando disciplinaire proprement dit, n'existait plus. De temps à autre, une gifle ou un coup de pied, mais il était rare que quelqu'un soit battu à mort.

Un an plus tôt, les choses étaient très différentes. Hans avait discuté avec un Grec qui, dans un accès de remords, lui avait raconté comment il avait achevé à coups de pied un camarade déjà à moitié mort sous les coups. À l'époque, il était interdit de laisser un cadavre dehors pendant l'appel. Il fallait le ramener dans son baraquement. Il s'en était chargé avec l'aide d'un ami. Ainsi, en quelques coups de pied, ils avaient gagné une demi-journée de repos. Une autre fois, ce même Grec, couché à l'hôpital à côté d'un grabataire apparemment inconscient, lui avait pris son pain, mais le malheureux s'était mis à crier. Le Grec risquait d'être battu à mort si le vol était constaté, alors il avait mis sa main sur la bouche du moribond pour l'empêcher de crier, et l'autre ne voulant pas se taire, il avait appuyé et appuyé jusqu'à l'étouffer. Hans demanda au gars de Buchenwald, expert en éthique de camp, ce qu'il en pensait. Personnellement, il trouvait que tous les moyens étaient bons pour survivre au camp, sauf s'ils étaient aux dépens d'un camarade.

Un Hollandais catholique, étudiant en médecine, se mêla à la conversation. « Un jour, un jésuite m'a donné un exemple : deux hommes sont sur un radeau qui ne peut porter qu'un seul homme. L'un pousse l'autre, qui se noie. A-t-il commis une faute ? Non, car si l'un des deux ne mourait pas, ils y seraient passés tous les deux. »

Hans jugeait cette éthique extrêmement opportuniste, mais défendable. Cependant cet exemple ne s'appliquait pas au Grec, car il n'avait pas sauvé sa vie avec ce morceau de pain. Le lendemain, il serait de nouveau forcé de tuer quelqu'un pour un autre morceau de pain, le surlendemain encore. Quand il s'agit de « toi ou moi », tout individu dit « moi », mais ça ne fonctionnait pas ainsi au camp. Tu pouvais y obtenir des avantages au détriment des autres, mais jamais sauver ta vie. Et vu qu'aucune éthique – chrétienne ou humaniste – n'admettait qu'on obtienne des avantages au prix de la souffrance d'autrui, le comportement du Grec était indéfendable. Ils en venaient rarement à de pareilles conversations car après le travail et le retour au camp, il y avait l'appel qui durait parfois une demi-heure, mais plus souvent deux heures, voire plus encore, que le temps soit doux et printanier ou qu'il grêle à tout crin. Ensuite, après l'appel, il fallait aller chercher du pain en faisant longtemps la queue et en subissant toutes sortes de contrôle comme l'inspection des vêtements, des fois qu'il manquerait un bouton au costume de gala à rayures ou que les chaussures ne seraient pas propres, c'est-à-dire décrottées.

Avec un seul de ces facteurs, séparément, il aurait été possible de vivre dans un de ces commandos. Le travail était pénible, mais supportable. Les coups étaient douloureux, mais on ne vous battait pas à mort. Le pain et la soupe étaient chichement distribués, mais ils auraient suffi à mener une vie oisive.

C'est la combinaison de ces facteurs, la dureté du travail, plus les coups avec si peu à manger qui s'avére insupportable. Le pire étant le manque de repos. Travail, appel, contrôles, quête de nourriture et, quand tu te retrouves enfin couché dans ton châlit, avec huit autres hommes venus de toute l'Europe, commence le vain combat contre les poux et les puces. Somnoler, te réveiller, te gratter. Puis te maîtriser, te coucher calmement. Laisser les poux ramper à leur guise, te rendormir, te réveiller. Te disputer avec ton voisin. Et quand tu t'es bien gratté la jambe, ça saigne, ça va s'ulcérer. De grâce, ne te gratte plus. Et c'est reparti pour un tour ! Recru de fatigue, privé de repos, et profondément malheureux.

La nuit, tu dois sortir, parfois à trois reprises, à cause de la soupe et de ta faiblesse cardiaque. Tu enjambes trois hommes avant de te farcir deux cents mètres jusqu'aux latrines, une planche percée d'une quarantaine de trous. Dehors, une sentinelle fait les cent pas pour veiller à ce que personne n'urine en plein air – acte passible de coups de bâton.

Ton voisin est plus pragmatique. Ce paysan des Balkans a caché une gamelle dans son lit et n'a pas besoin de sortir. Mais qui mangera dans cette gamelle demain ? Non, tu n'as pas le cœur à ça. Alors, tu te farcis les deux cents mètres.

Le matin, lever à quatre heures. Ôter ta chemise, te laver. Quelques gouttes d'eau, pas de savon, t'essuyer avec ta chemise. Souvent, tu n'as pas le temps d'arriver au robinet. Peut-être trouveras-tu en chemin une flaque avec un peu d'eau de pluie. Puis – il fait encore noir – rassemblement, comptage des commandos et après une longue, très longue, station debout, le commando se met en route. Au portail, le kapo en chef annonce : « Bauhof 693 hommes ». Panique ! S'ils sont trop nombreux, s'il n'en faut que 660, l'Obersturmführer en décompte 33, arbitrairement, et ils sont écartés. Personne ne les revoit jamais.

Ce que tu vois en revanche, c'est la flamme, cette flamme éternelle de la cheminée du crématoire. Jour et nuit, elle te rappelle que des gens sont en train d'y brûler. Des gens comme toi, avec un cerveau et un cœur, qui pompe le sang – ce merveilleux liquide – à travers un réseau infini de vaisseaux sanguins, vivant jusque dans la plus petite fibrille, jusque dans la cellule la plus insignifiante. Merveilleuse création de Dieu.

Parfois le temps est pluvieux et rabat la fumée au-dessus du camp. Il flotte alors cette odeur de viande carbonisée, de bifteck qu'on aurait grillé avec trop peu de graisse. Ce sera ton petit déjeuner, car tu n'as plus de pain. Tu ne tiens plus le coup. Tu es fatigué, malade et nauséeux, mais c'est de toi que tu as la nausée, parce que tu es un être humain, et que le SS aussi.

Au bout de cinq semaines, tu reçois un message : « J'ai retrouvé ta trace ! Un homme qui apporte du bois à la cuisine de ton camp t'a repéré. Je vais parler au Lagerartz. Tiens bon encore un peu. »

Une semaine encore s'écoula avant que le secrétaire du Block ne vienne chercher Hans. Dans le bâtiment administratif, il fut rayé de la liste d'appel du Bauhofkommando et retourna à Auschwitz.

Au Block 9, un grand changement s'était produit. Il y avait un nouveau chef de baraque.

La semaine précédente, le Lagerartz était passé sélectionner les musulmans. Le lendemain, quand les camions étaient venus chercher les malheureux, il en manquait un, un Juif italien. Branle-bas de combat. Le soir, l'homme était revenu de lui-même. Il était sorti avec le Bauhofkommando et avait porté des sacs de ciment toute la journée. À la fin du travail, le contremaître avait loué son zèle. L'Italien avait juste voulu prouver qu'il n'était pas un musulman, qu'il était encore capable de travailler.

Le médecin-chef qui revint le lendemain ne suivait pas cette logique. Il fit directement emmener l'homme et convoqua Paul. Il lui reprocha qu'une chose pareille ait pu arriver dans son Block. Un scandale ! Il espérait qu'au moins il avait administré une bonne correction à ce Juif ? Mais Paul résista. Depuis qu'il était amoureux d'une jeune fille juive, il éprouvait une profonde compassion envers les Juifs du camp.

« Je ne frappe pas des gens malades. »

Alors le médecin-chef se déchaîna : cette engeance communiste ne se renierait donc jamais ? C'étaient des amis des Juifs, de la vermine, de sales porcs rouges ! Monsieur le docteur frappa Paul en pleine figure. Deux fois, trois fois, et encore jusqu'à ce que du sang gicle de ses lèvres.

Une demi-heure plus tard, un nouveau chef de baraque était nommé : Zlobinsky, un Polonais, l'ancien portier du Block 21, un gaillard réputé brutal et sournois. Il était exigeant, contrôlait les lits, hurlait si un brin de paille traînait par terre et poussait chacun au bout de ses forces.

Mais après quelques semaines, il tomba amoureux d'une fille du Block 10. À partir de là, il passa ses journées à la fenêtre, et les infirmiers recommencèrent à se tourner les pouces, abandonnant tout le travail aux Stubendiensten – les patients en voie de guérison.

Le lendemain de son retour, Hans se rendit au Block 10 avec le Kesselkommando. Friedel et lui étaient tellement heureux que cette aventure se soit bien terminée.

« Comment t'es-tu débrouillée ?

– Simplement, je suis allée voir Klein, le Lagerartz, je lui ai expliqué ce qui était arrivé, et que tu étais mon mari. Il a noté ton numéro.

– C'est incompréhensible : c'est cette même ordure qui, la semaine dernière, a chassé Paul après avoir procédé à une première sélection. Au début du mois, il était à Birkenau où, en deux jours, il a liquidé toutes les familles tchèques du camp. Mille personnes sont parties en convoi de travail, et cinq mille cinq cents sont passées par la cheminée : des vieillards, des femmes, des enfants...

– On voit ça souvent : les jeunes SS sont intraitables, mais les plus âgés, qui commettent des crimes en grand, se montrent parfois humains dans de petites choses. Comme tu viens d'en faire l'expérience.

– Je ne crois pas que cela plaide en leur faveur, estima Hans. Les plus jeunes ont grandi dans l'esprit du sang et du sol, ils ne connaissent rien d'autre. Mais eux, ces hommes plus mûrs, comme ce Lagerartz, prouvent par ces petits actes qu'ils conservent encore des résidus de leur bonne vieille éducation. Ils ont été élevés autrement et auraient pu rester humains. C'est pourquoi, ils me semblent plus coupables que le jeune bétail nazi qui n'a jamais rien connu d'autre. »

Ils discutèrent encore un peu. Friedel lui parla des injections de sang contaminé par la malaria et de la forte fièvre qu'elles provoquaient chez les femmes.

Il était devenu facile de venir au Block 10 et moins dangereux d'y rester. De grands groupes de Polonais partaient régulièrement en convoi, ce qui permettait aux Juifs d'occuper de meilleurs postes. Ils pouvaient travailler à la Bekleidungskammer et au service photo-technique. Il y en avait même déjà quelques-uns à la cuisine et les médecins juifs n'étaient plus cantonnés aux sales besognes mais effectuaient réellement un peu de travail médical. Il était donc possible aussi pour un Juif de venir au Block 10 sous prétexte d'une corvée quelconque, alors qu'auparavant les Polonais se réservaient toutes les tâches commodes.

Bien que la vie des Juifs soit beaucoup plus supportable en raison de ces transferts de détenus, la situation les préoccupait. Les Polonais partaient en convoi, tout comme les Russes ; et les Allemands du Reich, pour autant qu'ils ne soient pas prisonniers politiques, étaient incorporés dans la SS. Tout cela résultait sans doute du recul des forces allemandes et de l'avancée du front russe.

Maintenant – à l'été 1944 –, l'Armée rouge était déjà près de Radom, entre Lemberg et Cracovie, à peine à deux cents kilomètres d'Auschwitz. À la prochaine offensive, elle pourrait arriver au camp. Qu'adviendrait-il alors des détenus ?

Diverses opinions avaient cours : les Allemands évacueraient le camp. Mais ce ne serait pas simple car si le taux d'occupation avait beaucoup diminué, l'ensemble du complexe d'Auschwitz comptait encore environ 120 000 prisonniers. Selon d'autres, ils extermineraient tout le monde. Seuls quelques optimistes croyaient que les Allemands abandonneraient vivants les témoins de leurs infamies entre les mains des Russes.

Les détenus vivaient donc dans une tension croissante.

En juillet, la tension culmina : « Le Führer est mort, partout la Wehrmacht et la SS se battent, les généraux ont repris le pouvoir. » Jamais pareilles rumeurs n'avaient circulé par ici. Jamais on n'y aurait prêté foi.

Et bien que le lendemain la guerre fût déclarée finie, et qu'il fût raconté qu'un nouveau gouvernement allemand négociait avec les Alliés, les SS restaient à leurs postes. Pourtant, jamais les rumeurs n'avaient été aussi proches de la vérité. Ils purent lire quelques jours plus tard dans un journal passé de date – auquel seuls les non-Juifs avaient le droit de s'abonner – comment s'était réellement déroulée l'affaire von Witzleben[1].

Les rumeurs qui circulaient dans le camp étaient toujours une exagération, une caricature de la réalité, mais on pouvait être sûr qu'elles correspondaient bien dans une certaine mesure à quelque chose de vrai, même s'il s'avérait difficile d'évaluer précisément dans quelle mesure justement.

Il en allait de même avec le Block 10. Depuis six mois, on entendait sans cesse parler de son déménagement. À quelques centaines de mètres du camp, on avait construit un nouveau complexe de baraques qui devait accueillir la SS ainsi que le Block 10.

1. Maréchal allemand rallié au complot du 20 juillet 1944 contre Hitler (communément appelé « opération Walkyrie »). Condamné à mort et exécuté le 8 août 1944, il aura ces derniers mots pour la cour : « Vous pouvez nous remettre au bourreau. Dans trois mois, le peuple harcelé et dégoûté vous demandera de rendre des comptes et vous traînera vivant dans la boue de la rue ! » (Note de l'éditeur.)

Encore et encore, la peur d'une future séparation ! Mais il n'en fut rien avant août, quand la rumeur se concrétisa. Cinq des nouveaux bâtiments deviendraient des baraquements de femmes. Le Block 10 y serait installé, avec les bons commandos féminins, comme ceux qui travaillaient à la blanchisserie de la SS et dans les fabriques d'armes.

Et soudain arriva le jour du déménagement. Pendant des heures, les femmes restèrent alignées dehors : elles furent comptées, comptées et recomptées. Personne ne comprenait ce qu'elles attendaient là, mais Hans et Friedel étaient ravis. Comme il y avait peu de SS dans les parages, ils purent parler longtemps, plus longtemps que jamais. Ces adieux furent leur conversation la plus longue et la plus sereine depuis un an. Hans souhaitait savoir ce qui allait se passer dans ce nouveau Block.

« Je pense qu'ils vont simplement poursuivre les expériences, lui expliqua Friedel. Cette semaine, ils ont travaillé sous une pression intense au Block 10. On a raconté qu'aucune femme ne pourrait déménager au nouveau Block si elle n'avait pas reçu au moins une injection et ne se trouvait pas sur la liste de Clauberg et Goebel. Même le personnel ne serait plus exempté.

– Et toi, comment as-tu réussi à t'en tirer ? » s'enquit Hans. Il craignait qu'elle n'avoue ce qu'il redoutait depuis longtemps. Jamais ils n'avaient perdu l'ultime espoir de s'en sortir vivants, mais si Friedel devait recevoir une injection, elle serait peut-être définitivement stérile.

Elle devina son angoisse. « Nous étions trente-quatre, infirmières et autres membres du personnel, à avoir été épargnées. Nous avons toutes dû nous rendre chez Clauberg pour déclarer que nous n'avions pas encore eu notre tour et nous entendre dire quand nous devrions nous présenter pour l'examen. Celle qui s'y refusait serait envoyée à Birkenau. Quand je me suis trouvée devant lui, je lui ai dit que je souffrais d'une pyélite. "Bon, a-t-il dit. Alors, ce n'est pas possible maintenant, c'est extrêmement dangereux." Heureusement, personne n'a vérifié, car cette inflammation était finie depuis un mois. »

Qu'elle ait précisément prétexté la seule affection convaincante tenait du miracle. Bien que profane en la matière, elle faisait preuve d'une merveilleuse intuition.

Quand l'heure de midi approcha, les femmes se mirent en marche. Ils ne pourraient désormais plus se voir quand ils voudraient, mais les hommes qui travaillaient dans les nouveaux Blocks transmettraient les lettres et les colis. Friedel tâcherait de venir souvent au camp, chez le dentiste ou le radiologue, et ils pourraient se rencontrer autant que possible.

La plupart des hommes ignoraient tout de ce qu'il était advenu de leur femme. Certains, comme Eli, savaient simplement qu'elle était morte, mais ceux dont l'épouse se trouvait dans un camp voisin – à Birkenau par exemple – n'avaient jamais la possibilité de la contacter. Friedel et lui n'avaient donc pas à se plaindre.

Après l'appel, ils déambulèrent dans la Birkenallee dans une chaleur oppressante. Plus tard, l'endroit serait noir de monde, mais les détenus se trouvaient tous encore dans leurs baraquements, attendant de recevoir leur pain. Pour l'heure ne déambulaient là que quelques Prominenten et des infirmiers. Le Dr Valentin et le Pr Mansfeld étaient assis sur un banc. Valentin héla Hans : « C'est bon, tu t'es calmé ? »

Hans n'avait pas conscience de s'être montré particulièrement agité. Ils allèrent s'asseoir dans l'herbe, à côté de collègues plus âgés. « Ça me semble très normal d'être triste, trouvait Hans.

– La tête que tu fais depuis ce matin ! De quoi te plains-tu encore ? Tu trouveras sûrement une autre occasion de contacter ta femme.

– Oui, mais beaucoup moins facilement que jusqu'à présent, et si elle a un problème, je ne pourrai rien faire pour elle.

– Qu'est-ce qu'il pourrait y avoir comme ennuis maintenant ? demanda le professeur.

– Méfiez-vous, prof, répondit Eli, ils n'ont pas dit leur dernier mot. D'abord, il y a deux salles de rayons X dans ce nouveau baraquement, ils peuvent y travailler à plus grande échelle qu'au Block 10. Ensuite, vous avez peut-être entendu parler de ces nouveaux tests qu'ils vont faire. Il y a dans le nouveau Block une série de petites chambres qui doivent, paraît-il, servir à réunir des femmes et des hommes. Le résultat permettra de juger si leur méthode de stérilisation est au point. »

Hans ne voulut pas le croire. « Bah, on raconte tant de choses, on parle constamment aussi d'un bordel juif qui ouvrirait le premier septembre. »

Pour Eli, ces deux rumeurs étaient fondées. « Peut-être que les contrôles seront effectués dans une sorte de bordel.

– Bon, j'espère qu'aucun homme ne s'y rendra. »

Le Pr Mansfeld se mêla à nouveau à la conversation : « Ne raconte pas de bêtises. S'ils se mettent en tête d'essayer une chose pareille, ce n'est pas toi qui les en empêcheras.

– Sa femme n'a pas été injectée. Qu'y aurait-il donc à contrôler ?

– Oh, ça ne veut rien dire, poursuivit le professeur. Il n'y a aucune logique à attendre de ces messieurs. Leurs expériences n'obéissent à aucune rigueur ou méthode. Ce ne sont que des lubies. Ce qui leur passe par la tête, ils l'expérimentent. Le mois dernier, dans un camp près de Königshütte, un Oberscharführer a enfermé trois hommes et trois femmes plusieurs jours dans un réduit. Il leur a pris tous leurs vêtements et a soigneusement observé ce qu'ils faisaient. Il a gavé un des hommes, a nourri normalement le deuxième et affamé le troisième. Il voulait déterminer l'influence de la nourriture sur les performances sexuelles. Même un enfant comprendrait que c'est complètement dément. »

Hans l'approuva : « En effet, ce ne sont que lubies personnelles. Prenez par exemple ces expériences avec des somnifères. La semaine dernière, un SS est venu au Block 19 et a sélectionné trois hommes. On leur a administré une poudre, dissoute dans du café. Peu après, ils se sont endormis. Deux d'entre eux ne se sont plus réveillés, le troisième est revenu à lui, par hasard, au bout de trente-six heures. Il n'est pas difficile d'imaginer comment l'idée d'une telle "expérience" a germé dans l'esprit de monsieur le SS. Il devait être encore un peu sous le coup de l'affaire von Witzleben et n'arrivait pas à trouver le sommeil. Dans son armoire à pharmacie, il a découvert quelques poudres qui provenaient du Canada mais n'osant pas trop y toucher, il a organisé une "expérience scientifique" avec deux ou trois détenus. »

Eli l'interrompit : « Pas besoin d'être devin pour voir que ces expériences n'ont aucun intérêt, que c'est une perte de temps. Celle de Königshütte n'est que la satisfaction perverse d'un homme qui voulait observer la vie sexuelle de ces gens. Mais des expériences comme celles du Block 10, là, c'est autre chose.

– Erreur, monsieur, le coupa le professeur d'un ton tranchant. Toutes les expériences que mènent les Allemands – oui, disons même toute la science allemande depuis 1933 – ne valent pas un clou si on les considère du point de vue humain et scientifique. Et je ne vous parle pas de l'expulsion de tous les savants juifs. Dans l'histoire de la science allemande, le nombre de savants juifs et étrangers est absolument considérable. On y trouve surtout beaucoup de Polonais. Des gens comme Copernic ont été annexés par la propagande pour les besoins de la grandeur allemande !

– Mais si Hitler n'avait pas chassé les Juifs ?

– La science allemande n'aurait pas produit beaucoup plus. Car science signifie examiner puis conclure. En Allemagne, la conclusion est déterminée à l'avance. Elle doit concorder avec les dogmes de l'État. Tant qu'il s'agit de découvertes purement techniques, comme dans l'industrie de guerre ou le domaine médical, on accepte sans problème le résultat des expériences, mais dès qu'un savant allemand s'aventure sur le terrain de l'histoire ou de la philosophie, il sait à l'avance quelle doit être la conclusion de son étude. Et s'il est assez stupide pour arriver à un résultat contraire à la doctrine nationale-socialiste, il passe à la trappe.

– Je comprends très bien tout cela, professeur. Mais pour en revenir à nos femmes, il s'agit ici d'expériences purement techniques. Elles sont donc parfaitement dans la norme.

– La science est un système qui s'est développé au service de la société humaine. C'est pourquoi une expérience qui vise à la stérilisation de masse ne peut être menée de manière scientifique. La science allemande n'est pas au service de l'humanité, mais de la race allemande. Du reste, il suffit de voir ce qui se fait ici. Qui joue un rôle ? Clauberg, Goebel, les gens de la Gestapo, et Samuel qui tente de sauver sa peau. Les expériences sont effectuées par un Scharführer, un sergent-chef qui n'y connaît rien et tire sa compétence du fait qu'il a autrefois vendu des brosses à dents. Non, monsieur, une expérience qui va à l'encontre de tout principe humain n'a rien à voir avec la science. Autrefois, dans mon laboratoire, si un de mes assistants avait traité un cobaye comme les femmes le sont ici, je l'aurais aussitôt mis à la porte. »

La démonstration de Mansfeld avait fait forte impression. Il l'avait à peine terminée que le coursier du Block 9 arriva en trombe : ils devaient tous se rendre au Block pour déménager le soir même au Block 8.

On travailla dur pendant quelques heures, à démonter armoires et tables, emballer des médicaments. Mais heureusement arriva un contrordre : on ne déménagerait que le lendemain.

Ce fut une rude journée de labeur : on transporta des malades, des sacs de paille et des lits.

Le Block 8 était un Block de quarantaine crasseux et désaffecté. Dans les Blocks 9 et 10 seraient logés des Tsiganes. Des familles entières, hommes, femmes, avec des flopées d'enfants. C'étaient des privilégiés qui, pour une raison inconnue, avaient échappé à Birkenau et seraient bientôt envoyés dans des camps en Allemagne. En général, le sort des Tsiganes n'était pas différent de celui des Juifs. Certes, ils formaient une communauté beaucoup moins nombreuse et occupaient des positions sociales moins importantes que les Juifs dans les divers pays d'Europe, mais à Birkenau, ils passaient eux aussi « par la cheminée ».

Une preuve de plus que la persécution des Juifs n'avait rien d'une « lutte anticapitaliste contre la ploutocratie juive mondiale ».

Pratiquant la haine, la SS constituait un organe d'oppression du peuple allemand et autres races supérieures. Mais ses membres testaient leur méthodologie sur les Juifs, les Russes et les Tsiganes, en brandissant le slogan de l'épuration raciale.

Les camps d'Ellecom sur la Veluwe, dans la province de Gueldre aux Pays-Bas, et de Stutthof près de Danzig s'appelaient officiellement *SS-Schulungslager**. Dans ces « camps d'entraînement », les SS pouvaient donner libre cours aux tendances sadiques qu'on avait éveillées en eux ; et parce qu'ils avaient eu la possibilité de les satisfaire, ils restaient les indéfectibles et dociles disciples d'Hitler.

Au bout d'une semaine, ils avaient un peu retapé et nettoyé le baraquement. Les patients étaient couchés sous des couvertures encore souillées par leurs prédécesseurs. Ils portaient des chemises qui, désinfectées une fois par mois mais jamais lavées, étaient constellées de taches brunes de sang et de crottes de puce. Mais tout devait sembler propre à première vue, les sols d'un blanc étincelant et les lits parfaitement repeints. La semaine leur avait coûté cher car, ne recevant aucune fourniture pour ces travaux, ils avaient dû s'en procurer, acheter de la peinture pour les lits et les portes avec du pain et de la margarine, qui manqueraient donc aux malades.

Hélas, le neuvième jour, de nouveaux Tsiganes arrivèrent et le Block 8 déménagea au Block 7. Il y avait maintenant deux mille Tsiganes dans le camp, et la pagaille était pire que jamais. De toute façon, Auschwitz était un « mauvais » camp. Une clôture en barbelés avait été installée autour des trois baraques de Tsiganes et deux sentinelles y étaient postées en permanence, ce qui n'empêcha pas un commerce actif de se développer près du fil.

Les Tsiganes touchaient plus de pain que les autres et achetaient en échange de la saucisse et des pommes de terre, que les prisonniers de droit commun introduisaient en fraude dans le camp.

En conséquence, le pain se « dévalua » : alors qu'un morceau de pain valait auparavant douze pommes de terre, on n'en obtenait plus que sept en échange. Toute la journée, il y avait de la musique et des danses chez les Tsiganes. Près de la grille, les hommes s'en donnaient à cœur joie, jusqu'à ce que les sentinelles les chassent à grands coups ou les punissent pour avoir flemmardé au camp pendant les heures de travail. Mais c'était le soir, à l'obscurité, que ça se déchaînait. Des détenus du camp s'infiltraient dans les baraques des Tsiganes et beaucoup de femmes tsiganes traversaient les barbelés pour aller se remplir l'estomac et adoucir la vie des Blockältesten et des kapos qui disposaient souvent d'une chambre particulière dans les baraquements de travail. Même sans chambre particulière, elles offraient du bon temps, pourvu qu'il y ait à manger et à boire.

Il y avait des perquisitions au milieu de la nuit. Les SS cherchant les femmes dans tous les lits du camp. Ce qui faisait autant de victimes ! Chaque matin, le fil barbelé devait être réparé. Hans n'aimait pas ce tumulte. Voir les Tsiganes s'amuser lui rendait les manques de la vie au camp plus douloureux encore et le faisait se sentir comme un enterré vivant, même si les femmes tsiganes l'intéressaient peu.

Le temps consacré autrefois à parler avec Friedel à la fenêtre, il le passait maintenant à l'étage avec des collègues ou à discuter avec le Pr Frijda, qui avait enseigné l'économie à l'université d'Amsterdam et se trouvait depuis une semaine au Krankenbau. Le vieil homme était arrivé avec le dernier convoi hollandais. En descendant du train, il s'était retrouvé par hasard dans la bonne file. À Auschwitz, il avait été affecté au commando Strassenbau, à tirer des chariots toute la journée. Il n'avait tenu le coup que quelques semaines avant d'atterrir à l'hôpital. Ses manières aimables et modestes l'avaient déjà rendu très populaire parmi les médecins. Tous trouvaient

« le professeur hollandais » très charmant. Mais pour Hans, il représentait un grand souci.

Le matin, avant même le gong, les hommes se pressaient déjà sous les fenêtres du Block 7, situé en face du Block 8, pour regarder les femmes se laver. Puis le Blockälteste venait et renvoyait les patients au lit. Mais il n'entrait jamais dans le local des infirmiers qui s'amusaient à échanger des gestes sans équivoque avec les femmes tsiganes plus ou moins dévêtues.

Alors que même saint Antoine aurait succombé à la tentation, Hans jetait à peine de temps à autre de rapides coups d'œil par là-bas car la vue de ces femmes ne faisait que ranimer son désir de voir Friedel.

Il n'avait pas réussi à communiquer avec elle. Krebs, un technicien dentaire hollandais, avait passé plusieurs jours au bunker pour avoir transmis des lettres aux femmes, dont une de Hans à Friedel. Lors de son interrogatoire, Krebs avait expliqué que c'était le message d'un homme à son épouse. Elle ne contenait rien de particulier. Krebs était un des rares Prominenten hollandais et ce fut sa chance, car avec l'aide de son chef, l'Obersturmführer de la Zahnstation, le cabinet dentaire, l'affaire fut vite réglée.

De même, les visites de Friedel à l'hôpital ne se déroulèrent pas comme prévu. Certes, elle venait chaque mercredi, quand les filles se rendaient à la consultation au Krankenbau, mais le SDG les accompagnait toujours. C'était un sale type, un Roumain. Les SS étrangers étaient plus ignobles encore que les Allemands. Celui-là importunait les filles, se tenait pile au-dessus d'elles quand on les examinait et disparaissait souvent avec l'une à l'étage, dans une des salles des opticiens ou pharmaciens.

Les hommes en profitaient pour discuter un moment avec leur femme. Il y avait Hans, Majzel et De Hond, que le deuxième SDG laissait entrer un instant. Friedel leur parlait du nouveau Block. On n'y effectuait pas d'expériences, les filles travaillaient dans toutes sortes de commandos. Elle se trouvait dans l'équipe de nuit, à l'atelier de confection. Ce n'était pas facile : douze heures d'affilée dans un grenier, dans la poussière, à coudre de vieux chiffons, et si elle n'avait pas terminé son quota : une raclée. Elle ne supportait pas cette poussière, toussait de plus en plus.

Mais le Roumain ne tardait pas à revenir. Il avait bu, faisait des remarques cochonnes et chassait tous les hommes.

Quand Hans reverrait-il Friedel ? Il devait trouver une meilleure solution. Cette conversation avait eu lieu le mercredi. Le jeudi, tous les Tsiganes partirent et le vendredi, on redéménagea.

Ils retournèrent au Block 9, qu'ils retrouvèrent dans un état lamentable.

Le lendemain matin : « *Achtung ! Lagerartz !* » Le médecin-chef ne pénétra pas dans les salles où régnait encore le plus grand désordre, mais se dirigea directement vers la chambre du Blockälteste, avec qui il discuta quelques minutes. Dès son départ, Zielina convoqua les médecins à l'Ambulanz.

Il fallait dresser une liste de tous les patients. À côté de chaque nom, le médecin devait cocher une case : le patient pouvait-il sortir de l'hôpital ou devait-il encore y rester et, si oui, combien de temps – une, deux ou trois semaines, ou plus de trois semaines. Comprenant que cela n'augurait rien de bon, tous se rembrunirent. Les esprits s'échauffèrent : quelle serait la limite ? Combien de temps pourrait-on rester malade sans risquer la chambre à gaz ?

Hans discuta longuement du sort de Frijda avec Flechner, le collègue français qui traitait le professeur. Déclarer ce dernier en bonne santé leur paraissait impossible. Car il faudrait alors le renvoyer de l'hôpital séance tenante, or il était incapable de marcher, ne serait-ce que sur cent mètres. Mais dire « plus de trois semaines » était un risque qu'ils n'osaient pas courir, car cela signifierait certainement la fin pour lui. Pour comble de malheur, le Lagerartz ayant emporté toutes les fiches, ils ne pouvaient même pas faire disparaître la sienne.

Ils appelèrent Zielina à la rescousse. Ensemble, ils optèrent pour les « trois semaines ». Ce fut la décision que Hans regretta le plus de sa vie.

Le lendemain, toutes les fiches furent rapportées, sauf celles des Juifs devant rester plus de deux semaines à l'hôpital. On emmènerait ces derniers le lendemain pour les affecter à un commando « léger » de la *Weberei* Birkenau – « la plus grande usine de tissage au monde ». C'est ce qu'on avait prétendu aussi en conduisant plusieurs millions de personnes à la chambre à gaz.

Zielina donna à Hans sa matinée du dimanche. Le kapo du commando Strassenbau était un ami de Leen Sanders et grâce à sa recommandation et un paquet de cigarettes – contribution d'un patient polonais –, Hans fut autorisé à sortir. Trente hommes travaillaient au nouveau camp des femmes, et Hans s'introduisit en douce parmi eux.

Il n'était pas le seul intrus. Près de la moitié du « commando du dimanche » était venu pour les filles. Et comme les SS n'avaient pas encore pigé le truc, les détenus se baladaient assez librement dans le camp des femmes. Le kapo leur avait conseillé d'avoir toujours quelques pierres ou une pelle à portée de main pour se mettre à travailler dès qu'un SS ou une surveillante arrivait dans les parages.

Plusieurs d'entre eux disparurent dans un grenier avec leur petite amie. Mais Friedel n'appréciait pas ce genre d'« amour volé ». Ils se postèrent derrière une porte de sa baraque et discutèrent longuement sans être dérangés. Hans évoqua la détresse que lui causait le cas Frijda.

« Il n'y a rien à faire, le consola Friedel. Dans la plupart des cas, quand tu ne donnes pas le meilleur médicament à ton patient, personne ne te le reproche, mais, ici, tout le monde espérait que tu trouves le remède miracle. »

C'était vrai et Hans essaya de surmonter ses remords.

Le lendemain, les camions arrivèrent. Hans se sentait malheureux. Le Pr Frijda partait, l'ancien « recteur magnifique » de l'université d'Amsterdam, celui qui s'était vu décerner par la reine Wilhelmine un doctorat honoris causa. Il serra la main de Hans et lui demanda de saluer, au cas où il survivrait, tous ses proches parents de sa part.

« Mais professeur, vous-même les reverrez un jour. »

Que dire d'autre ? Il n'avait pas le courage de dire la vérité. Aussi préférait-il s'en tenir au mensonge à propos de Birkenau.

C'est alors qu'arriva un SS qui poussa le professeur vers les véhicules. Et c'est en chemise crasseuse et vulgaires claquettes en bois qu'un des plus éminents savants hollandais grimpa dans le camion qui le conduirait à la chambre à gaz.

On ne savait jamais à quoi s'en tenir avec les SS. On voyait tout et son contraire.

Ainsi, le matin, quand les milliers de détenus engourdis partaient par rangs de cinq pour une journée à trimer, crever de faim et se faire tabasser, la fanfare, composée de cinquante prisonniers, jouait au portail.

Un jour, on demanda aux médecins de dresser une liste de personnes qui pourraient bénéficier d'un supplément de nourriture ; le lendemain, ces malheureux sous-alimentés furent emmenés à la chambre à gaz.

Les femmes juives – des esclaves – étaient rossées à l'envi. Mais quand le SS avait besoin d'une femme, une fille juive faisait très bien l'affaire. « *Und bist du nicht willig, so brauch ich Gewalt.* » Et si tu n'es pas consentante, j'emploierai la manière forte.

Si un prisonnier était pris à chaparder un bout de pain, il recevait des coups de bâton. Mais le trafic d'or et de diamants, et de viande de l'abattoir – une fois quatorze porcs d'un coup – se faisait avec la complicité des SS.

À l'automne 1943, un complot de sabotage fut éventé à Majdanek, le camp de concentration situé près de Lublin. La SS décida d'éliminer huit mille Juifs en une même journée. Une énorme tranchée en forme de croix fut creusée. Les gens se déshabillaient dans une des branches de la croix, puis se dirigeaient vers une autre pour y être abattus. Le vacarme des mitrailleuses et les cris des victimes étaient couverts par cinq orchestres à la fois.

Le Lagerartz Klein était expert en matière de sélection. Un soir, toute la population du camp dut défiler complètement nue dans l'ancienne blanchisserie. Les détenus se déshabillaient dehors, dans le Birkenallee. À l'entrée, quelques Blockältesten bousculaient chacun au passage. Celui qui trébuchait sur le seuil était noté sur la liste, c'était un « musulman ». Celui qui défilait devant les Rapportführer en bombant le torse s'en tirait.

Ces messieurs sélectionnèrent environ mille hommes, qui furent entassés dans un baraquement vide. La nuit, tous les non-Juifs furent libérés. Le lendemain, les Juifs défilèrent à nouveau entre les Block 8 et 9 devant le Lagerartz, qui s'assurait qu'il n'en restait pas de vigoureux parmi eux. Il discutait avec Hoessler, le Lagerführer, tournant généralement le dos à la colonne de détenus. De temps à autre, il se retournait et choisissait arbitrairement quelqu'un, sauvé pour un temps.

À l'époque, deux Blocks du camp – les 22 et 23 – furent entourés de barbelés. Ils accueilleraient des femmes. Au Block 23 fut aménagée une petite Ambulanz.

Friedel avait de plus en plus mauvaise mine. Le travail de nuit dans cet atelier de confection était au-dessus de ses forces, sa toux empirait et elle avait fréquemment de la fièvre. Aussi Hans décida-t-il de demander au Lagerartz, le médecin SS, si elle pouvait venir travailler en tant qu'infirmière à la nouvelle consultation externe.

Valentin, le médecin-chef des salles de l'étage, le traita de cinglé. Pour cette insolence, le Lagerartz allait lui « coller son poing dans la figure », le virer de l'hôpital et l'envoyer dans un commando dur. Personne n'était censé savoir où se trouvait son épouse. C'était une folie d'en parler au Lagerartz.

Mais Hans comptait sur l'inconséquence, sur la schizophrénie de ces officiers SS. Et en effet, cet homme, qui en avait envoyé des milliers à la mort parce qu'ils étaient faibles ou malades, jugea bon de muter Friedel de l'atelier de confection à l'Ambulanz du Block 23, « puisque la poussière de ces vieux vêtements la faisait tant tousser ».

Après la grande sélection dont avait été victime le Pr Frijda, le Krankenbau se retrouva à moitié vide. Les infirmiers commencèrent à avoir peur. « S'ils refont une telle sélection, ils se débarrasseront d'un paquet de gars parmi nous, nous sommes beaucoup trop nombreux. »

Le danger approchant, ils sentirent soudain le besoin de se comporter en héros. Alors qu'auparavant, lors des réunions internes appelées « *Kommissionen* », aucun détenu n'avait jamais envisagé de résister, ils se disaient désormais qu'ils ne pouvaient pas simplement capituler. Un soir, Klempfner, le médecin tchèque de la salle de l'étage, s'adressa à Hans et Eli Polak :

« Il existe une organisation au camp. Je ne peux pas vous donner de détails mais, dans notre Block, quinze personnes au moins me suivront. Vous serez des nôtres ?

– Bien sûr, répondit Eli. Nous n'avons rien à perdre.

– Bon, s'il se passe quelque chose, je ferai appeler l'un de vous pour venir recevoir les instructions. Alors tout sera clair. »

On n'en arriva jamais là. Au bout d'une semaine environ, l'ordre tomba : le Block 9 était supprimé, patients et infirmiers déménageraient au Block 19 – un autre baraquement de malades, à moitié vide également. L'équipe de Hans resta intacte, Zielina fut maintenu médecin-chef. Au Block 19, le doyen était Sepp Rittner, un vrai colosse, un communiste, qui malgré huit années de camp avait gardé son lumineux humour, son sang viennois « *Wiener Blut* », qu'aucune tyrannie prussienne n'avait pu refroidir. Hans le connaissait depuis son arrivée à Auschwitz et ils étaient de grands amis. Ce fut la belle vie, alors.

Au Block 19, Hans prit du galon, il était désormais un Prominent. Le médecin de salle, Ochodsky, était parti dans un convoi et Zielina, qui se chargeait désormais du traitement des patients non juifs, s'en remit peu à peu à Hans.

Maintenant qu'il soignait des patients, Hans était dispensé des basses besognes et, comme il nouait des contacts beaucoup plus étroits avec eux, il recevait une plus grosse part de leurs colis.

Chaque jour, il allait voir Friedel et lui apportait quelques-uns de ses trésors. Elle était à nouveau dans un Block de son camp. Certes, c'était dangereux ! Au cours des premières semaines, deux hommes s'étaient fait abattre : ils s'étaient approchés du grillage pour discuter avec les femmes. Le dimanche soir, un garçon de dix-huit ans avait subi le même sort. Il venait d'apercevoir sa sœur après six mois de séparation. Mais ce sont souvent les plus grandes fraudes qui restent le plus longtemps impunies. C'est là-dessus que spéculait Hans quand chaque jour il franchissait courageusement la grille du Block 23 avec un flacon sous le bras, ou un tensiomètre. Parfois, il portait un pèse-personne avec un collègue. Plus ils étaient repérables, mieux c'était. Et si d'aventure un SS leur posait une question, ils étaient des médecins en mission, se rendant à la consultation pour femmes, et que sais-je encore.

Le seul individu dangereux était le SDG, le Roumain, qui savait pertinemment que Hans n'était chargé d'aucune mission et qui le surprit une fois en train de discuter avec Friedel. Il les menaça et chassa Hans, mais les choses en restèrent là.

Un dimanche, peu après le nouvel an, Alfonso Colet courut vers Hans. Cet Espagnol, le nouveau kapo de la désinfection, était un des nombreux loyalistes qui avaient fui Franco. Arrêté en France par les Allemands, et tombant de Charybde en Scylla, il s'était retrouvé dans un camp de concentration. Ici à Auschwitz, il animait un petit groupe d'Espagnols et d'Allemands qualifiés de « *Rotspanier* » (Espagnols rouges), pour avoir combattu dans les Brigades internationales au côté des loyalistes durant la guerre civile. Livrés par Franco à Hitler, ils avaient été envoyés en camp de concentration.

« Tu m'accompagnes au Block 23 ? demanda Colet.

– Sous quel prétexte ?

– Personne ne me demandera rien. Et puis, demain mes gars doivent désinfecter le Block 23, je viens donc me rendre compte de ce qu'il faudra faire. »

Colet était l'ami de Sara, une Belge, l'adjointe de la Blockowa. Hans et lui se mirent en route après la soupe et passèrent l'après-midi dans la chambre de la cheffe du Block 23. Ils discutèrent tout leur soûl et s'amusèrent beaucoup. Plus tard, un kapo de la cuisine, qui avait une liaison avec la Blockowa en titre, s'amena avec une bouteille de genièvre.

La secrétaire du baraquement se tenait à la grille, prête à donner l'alerte si un SS s'approchait. Les ouvriers des commandos qui voulaient profiter de leur demi-journée de liberté pour reluquer les filles à la grille furent refoulés par les gardes qui n'imaginaient pas qu'on puisse être aussi tête brûlée que Colet et Hans.

« Tu risques moins à voler un demi-million qu'un demi-florin. »

Colet parla du nouveau Lagerälteste, un Juif. Depuis que tous les Polonais étaient partis par les convois et que la plupart des Allemands avaient été incorporés dans la SS, il ne restait presque plus que des Juifs au camp. Les SS avaient même désigné un Juif comme chef de camp, mais au bout de deux jours, il était devenu fou : atteint de mégalomanie. Il était couché sur son lit dans sa chambre quand Kaduk, le deuxième Rapportführer, était entré et lui avait ordonné de se lever. Il avait répliqué qu'il n'avait pas l'intention de se laisser commander par lui, qu'en tant que « doyen » il n'était pas son garçon de course. Une dispute retentissante avait éclaté et il était maintenant enfermé au bunker.

Les femmes rirent de bon cœur. Quand on vit dans un camp de concentration, c'est une histoire très amusante : voir un Häftling – tout Lagerälteste qu'il soit – oser se comporter ainsi avec un Rapportführer...

Mais Hans était mieux informé : « Cette histoire n'est absolument pas drôle. Ce que raconte Alfonso, c'est la version officielle de la SS. En réalité, ça s'est passé tout autrement. Des colis de la Croix-Rouge sont arrivés pour le camp, et les Allemands avaient besoin de la signature d'un représentant des prisonniers pour attester que les colis avaient bien été distribués. Le Lagerälteste a refusé, car aucun prisonnier n'en avait vu la couleur. Il est maintenant enfermé au bunker et n'en sortira sûrement pas vivant. »

Le genièvre apporté par le kapo de la cuisine se révéla le plus fort : la triste histoire du chef de camp ne cassa pas l'ambiance. Bien que disposant seulement de trois chaises pour six, ils ne dépassèrent pas les limites de la bienséance. Même si la bienséance avait ici une tout autre signification qu'autrefois, au pays.

Friedel étant trop amoureuse pour parler, Sara était intarissable. Elle racontait en détail les agissements d'une bande d'hommes qui s'étaient introduits dans le baraquement la nuit de la Saint-Sylvestre, en soudoyant le Blockführer de service avec une bouteille de genièvre.

Hans connaissait le fin mot de l'histoire. Depuis peu, les Juifs pouvaient non seulement intégrer les bons commandos, mais aussi l'orchestre. De tous les camps des environs, on avait fait venir des musiciens juifs à Auschwitz. Ils avaient formé un groupe de swing, composé uniquement de Hollandais, car les meilleurs musiciens de l'orchestre étaient des Hollandais, notamment en matière de jazz. Il y avait là Jack de Vries et Maurice van Kleef, Lex van Weeren et Sally van der Kloot. Et aussi Ab Frank, chef d'orchestre de la Revue Bouwmeester[1], la troupe de music-hall qui avait fait fureur aux Pays-Bas dans les années 1920. Hans avait joué de la clarinette avec eux. Lors de la nuit de réveillon en question, Hans était là, lui aussi, mais il s'était directement rendu dans la chambre de Friedel. Sara ignorait ce détail, qui n'avait du reste absolument aucun intérêt.

Sara, à moitié ivre, continuait à bavasser. Maintenant à propos du « sauna ». Le sauna servait au grand nettoyage, il y avait là deux cents douches. Le commando qui y travaillait était le plus convoité. On pouvait y voir plus de femmes nues que n'importe où au monde, parfois jusqu'à mille en même temps. Certains membres de cette équipe étaient vraiment dégueulasses. Ils se promenaient entre les femmes et les chicanaient sans se gêner. Pour un demi-paquet de margarine, tu pouvais te joindre toute une journée à ce commando. Pas de chance si c'était le jour des femmes de Birkenau : le spectacle était sinistre. Tous ces corps

1. Spectacle de music-hall créé aux Pays-Bas dans les années 1920 par Louis Bouwmeester. (Note de l'éditeur.)

usés, sous-alimentés, restaient presque aussi sales après le bain qu'avant. Mais avec les femmes d'Auschwitz, de bons commandos, alors là...

Les plus impudents étaient sans aucun doute les SS qui venaient s'amuser là. Ils obligeaient les femmes à faire de la gymnastique et procédaient alors à des « inspections ». Il y avait déjà une fille enceinte au Block.

Friedel et Hans étaient moins survoltés que leurs camarades. C'était bien beau, évidemment, un après-midi pareil, mais être si près l'un de l'autre augmentait en eux le désir, le désir de liberté, d'avoir une maison, des enfants, une vie. Certes, ils étaient privilégiés, un cas unique parmi des milliers, mais même ces avantages n'étaient que des ersatz.

Hans broyait du noir. Il était toujours mélancolique quand il avait un peu bu. Friedel essayait de lui remonter le moral, elle lui caressait la tête, se moquait de sa calvitie tandis que lui parlait de l'avenir, de la tournure que les choses ne tarderaient pas à prendre. Dans le journal de la veille, pour la première fois, l'offensive russe avait été évoquée. Les Russes avaient lancé l'attaque, et les Allemands devaient « resserrer le front afin de gagner du temps pour mettre en œuvre les contre-mesures nécessaires ». L'issue du conflit approchait. Le front n'était qu'à cent cinquante kilomètres d'Auschwitz. La tension augmentait.

Et elle continua de croître chaque jour davantage. Le mardi soir, les quotidiens évoquèrent le « District de Cracovie ». L'édition du mercredi du *Krakauer Zeitung* n'arriva pas. Il y avait de plus en plus d'alertes aériennes, les coupures de courant se succédaient, très probablement suite aux actions de partisans. La nuit, on entendait parfois, très loin et très sourdement, le bruit des canons.

Le mercredi soir, Hans et Eli travaillaient à l'Ambulanz au Block 28. Ils y étaient de service une fois par semaine. Ce n'était pas le grand luxe, tu n'avais que quelques morceaux de papier et un peu de pommade pour les pansements. Pour la moindre aspirine, il fallait se dépatouiller d'une montagne de paperasses, alors qu'en fin de compte, il n'y avait généralement rien en stock. Si le patient avait des cigarettes ou de la margarine, il pouvait s'adresser aux infirmiers de la consultation externe, qui eux avaient des pansements et de l'aspirine. Ils les rachetaient aux prisonniers qui travaillaient au SS Revier dont les greniers recélaient des provisions inépuisables : matériel de pansement, médicaments, articles de toilette, tout ce qu'on voulait. Les prisonniers n'en recevaient jamais par la voie officielle, mais Hans avait toujours dans sa poche un rouleau de sparadrap et un bout de gaze. C'était des bricoles qu'il se procurait en sous-main à l'Ambulanz du Block 19 ou qu'il achetait pour faire des pansements aux Hollandais. Il avait du pain en rab et ne pouvait pas tout apporter à Friedel.

Un cercle de Hollandais se forma bientôt autour de Hans et Eli. À la lumière des bougies, le travail n'avançait pas vite, le désordre régnait. Partout les patients en surnombre discutaient par petits groupes. La question de l'évacuation, de l'extermination ou de la reddition aux Russes les préoccupait. Personne n'arrivait à une conclusion : tous les scénarios semblaient plausibles.

Plus tard dans la soirée, des femmes accompagnèrent une patiente à opérer. Parmi elles se trouvait le Dr Alina Brewda. Elle avait été pendant six mois cheffe du Block 10, jusqu'au jour où elle avait refusé de collaborer à certaines expériences. Elle était l'ange gardien de Friedel, Hans la connaissait bien.

Une surveillante et une Blockowa les encadraient. Mais incapables, elles aussi, de se soustraire à l'agitation ambiante, elles oublièrent les femmes dont elles avaient la charge. Brewda s'approcha de Hans et lui demanda ce que les hommes pensaient de la situation.

Hans n'en avait aucune idée, il était juste content de voir le dénouement approcher.

Brewda était d'humeur plus sombre. Elle en avait trop vu. Elle était originaire de Varsovie, où on avait entassé un demi-million de Juifs dans le ghetto prévu pour 150 000 personnes, avant de les évacuer. Un jour, les SS avaient abattu 23 000 Juifs d'un coup, probablement leur record. Plus encore que les 18 000 de Majdanek. C'est alors que les Juifs de Varsovie avaient compris qu'il n'y avait pas d'issue et commencé à se révolter. C'était en avril 1943.

Ils reçurent des armes des Polonais des environs et se retranchèrent dans les vieux immeubles du ghetto. Les SS avaient peiné à avancer dans les rues et quand ils réussirent enfin à contrôler le ghetto, des Juifs armés s'y trouvaient encore partout, dissimulés dans les caves et les canalisations souterraines, comme il y en a tant dans une vieille ville. Les accès aux caves avaient été camouflés par un meuble d'évier glissé devant l'entrée ou un vêtement suspendu. La nuit, les Juifs sortaient de leurs cachettes, provoquant des bains de sang dans les rangs de l'occupant. Incapables de venir à bout de cette résistance, les SS ne virent qu'un moyen : miner toutes les maisons et les faire exploser.

« Seuls quelques milliers en ont réchappé, comme moi, raconta Brewda. Mais ils sont retombés aux mains des SS. La révolte du ghetto de Varsovie a été un modèle de guerre du peuple. Elle était perdue d'avance : un demi-million de Juifs mal armés ne pouvaient pas gagner le combat contre Hitler. Des centaines de milliers d'entre eux sont encore ensevelis sous les décombres, mais avec eux, ils ont entraîné plus de 20 000 SS dans la tombe. »

Les pleurs soudains d'un enfant réveilleront sa mère même si elle dort profondément. Le contact sensoriel avec le monde extérieur peut être interrompu par le sommeil, mais l'esprit, lui, reste en alerte, surtout quand on attend quelque chose. Cette nuit-là, à trois heures, le gong se mit à résonner et, quelques secondes plus tard, tout le camp fut en émoi. Hans s'habilla à la hâte. Quand il sortit, il vit les hommes affluer des baraquements et s'aligner comme pour l'appel. Évacuation donc. Le froid était épouvantable, et une fine neige tombait en tourbillonnant. Mais personne ne semblait en souffrir. L'excitation était trop grande : la fin approchait. Quoi qu'il puisse arriver maintenant, Auschwitz appartiendrait au passé.

Les Block 23 et 24 étaient encore plongés dans l'obscurité. Hans retourna à l'hôpital. Il alla demander à Sepp ce qu'il fallait faire.

« Rien, dit Sepp. Pour les malades, il n'y a pas encore d'instructions. Du reste, nous n'avons pas de vêtements pour eux. Je ne peux pas les laisser partir comme ça. »

Sepp avait raison, et Hans incita les gens à garder leur calme. Mais presque tous étaient sortis de leur lit, et certains tournaient dans le camp, à la recherche d'amis à qui dire adieu.

Une demi-heure après le gong retentit la cloche de l'appel. Ça ne rimait à rien, mais que faire ? Puis l'appel fut annulé, et les hommes durent se rassembler par commandos, comme chaque matin.

À cinq heures, les premiers groupes démarrèrent. Il s'agissait des commandos qui n'étaient pas d'importance vitale, comme le Strassenbau, le terrassement, et les Flusskies, le ramassage des graviers. Les commandos des usines et des entreprises alimentaires resteraient.

Ils étaient à peine partis que s'élevèrent les premières rumeurs qui reflétaient, comme toujours, ce que les gens souhaitaient : « La moitié du camp s'en va par convoi, l'autre continue à travailler normalement. Les machines seront évacuées. Et nous resterons ici jusqu'à l'arrivée des Russes. »

De longues files de charrettes entrèrent dans le camp. Elles chargèrent du pain et des conserves provenant des réserves de la cuisine et suivirent le cortège qui s'était déjà mis en marche.

Entre-temps, la lumière s'était allumée au Block 23. Hans passa par derrière. Plus personne ne surveillait les alentours des barbelés. Mais comment attirer l'attention ? Il sifflota toutes sortes d'airs sans succès. Puis il tenta *La Brabançonne*. Et ça marcha ! Sara, reconnaissant son hymne national, ouvrit sa fenêtre : oui, elle irait chercher Friedel.

« Friedel, reste le plus longtemps possible !

– Non, mon chéri, c'est beaucoup trop dangereux.

– Écoute-moi. »

Ils n'étaient pas d'accord. Friedel dut partir chercher des vêtements. Hans essaierait plus tard, quand il ferait jour, d'entrer dans son baraquement.

Il retourna vers le sien, longeant les files interminables de détenus en partance. Ils tremblaient de froid, car ils étaient dehors depuis deux ou trois heures, vêtus de quelques hardes de toile qui n'offraient aucune protection. Certains s'étaient drapés dans une couverture. Mais beaucoup n'avaient pas osé : comme s'il importait encore de respecter les règles du camp alors qu'il n'existait plus !

Au Block 19, les infirmiers s'étaient rassemblés. Sepp avait reçu des instructions. Ils devaient se rendre avec les civières à la Bekleidungskammer, où on distribuerait des vêtements pour les malades.

À huit heures, de nouveaux commandos prirent la route. Il faisait jour et Hans se dirigeait vers le Block 23 quand il tomba nez à nez avec le Rottenführer qui cherchait des infirmiers pour une corvée au baraquement des femmes. Vu la situation, autant jouer carte sur table : pouvait-il les accompagner pour dire au revoir à sa femme ? Le Roumain se contenta de ricaner.

Friedel fut ravie de voir Hans. Un convoi de femmes était déjà parti et on l'avait cherchée partout, mais elle s'était cachée au grenier, car elle voulait encore faire ses adieux à son mari. Il venait à peine d'arriver quand le Rottenführer le fit appeler : le Hollandais devait venir immédiatement, il y avait au grenier un poêle à coke à transporter à la blanchisserie.

Hans jura, mais n'osa pas répliquer. Il alla chercher le poêle au grenier. Un truc lourd et massif, exactement ce qu'il fallait à Hans quand il était furieux. Il porta le poêle d'une seule traite jusqu'à la blanchisserie et l'y balança par terre. Il reprenait son souffle quand il vit le Rottenführer débarquer avec d'autres détenus, les mains vides. Il lui avait donc fait se coltiner seul ce fardeau, simplement pour l'empêcher de rester auprès de sa femme. Ce type était un fléau ! Mais Hans le bernerait. Quand le Rottenführer se rendit avec les autres au secrétariat pour en sortir les documents, car tout devait être brûlé, Hans s'arrangea pour s'éclipser. Lorsqu'il se retrouva face à Friedel, il se sentit à court de mots.

« Tu ne veux vraiment pas essayer de rester ?

– Non, ils vont achever tous les malades.

– Mais cette marche sera horrible, tiendrons-nous le coup ?

– Nous n'avons pas le choix, Hans. Promets-moi de venir aussi. »

Il hésita, mais promit, sentant que c'était la première fois qu'il n'était pas honnête avec elle, car il redoutait cette marche. À ce moment, la porte s'ouvrit. C'était Colet.

« J'ai dit à Sara de rester, mais elle n'a pas osé. » Hans répondit qu'il ne comprenait pas les femmes mais que, bon, il n'y avait rien à faire.

C'est alors que des cris résonnèrent dans le baraquement. « Rassemblement ! » Les adieux furent brefs. Friedel ne voulait pas paraître faible. Comme toujours, elle fuyait les sentiments qui l'assaillaient.

Arrivé à la porte, Hans se retourna une dernière fois, mais Friedel leva le bras comme pour le supplier de partir, de ne pas rendre les choses encore plus difficiles.

Il ne se passa plus rien de particulier ce jour-là. Hans était comme égaré. Pendant deux ans, ils avaient lutté côte à côte. Plus d'une fois, ils l'avaient échappé belle, mais ils étaient toujours restés ensemble. D'abord à la descente du train, lors de la sélection. Puis pendant ce mois de panique qu'il avait passé à Birkenau et plus tard au déménagement du Block 10. Ils avaient toujours fini par se retrouver, mais cette fois ?

Le lendemain matin, le kapo de la cuisine apporta un message.

« Hans, je suis depuis hier au camp des femmes. Tu avais raison, je crois. Il vaut mieux rester, c'est ce qu'elles veulent toutes ici, mais impossible. Si Sara n'avait pas été aussi stupide ! Le bloc voisin du nôtre vient d'être vidé, ils en ont chassé les filles à coups de crosse. Enfin, je ferai mon possible, mon chéri. Garde espoir, on se reverra un jour. Les voilà qui arrivent déjà. Au revoir, mon ami. »

Hans lut et relut la lettre. Qu'entendait Friedel par « si Sara n'avait pas été aussi stupide » ? Il alla voir Colet.

« Hier, j'ai porté au Block 23 trois tenues d'homme. Pour Friedel et les deux Sara. Mais ma Sara n'a pas osé. »

C'était bête comme chou, se dit Hans. La solution évidente : s'habiller en homme et se lancer, un quitte ou double.

« Que vas-tu faire maintenant, Alfonso ?

– On ne part pas. Sous aucun prétexte. Tu verras qu'aujourd'hui, le reste du camp va être évacué, sauf peut-être les malades. Mais nous, on se cachera. On ne va pas crever sur la route dans la neige.

– Et où te cacheras-tu ? demanda Hans.

– Si tu fermes ta gueule, je te montre. »

Une cachette était aménagée sous l'énorme tas de vêtements sales dans la cave de désinfection. La cave était en béton et la cabane au-dessus, en bois. Si elle s'effondrait, ils seraient à l'abri. Alfonso semblait bien renseigné.

Vers onze heures, le Lagerälteste se mit à courir comme un dératé dans le camp : « Rassemblement général ! » Même le personnel de cuisine s'en alla. Seul le Krankenbau avait été oublié. Il n'y avait littéralement plus de SS dans le camp. Ils étaient partis eux aussi avec les convois. C'est alors que le pillage commença.

Des vêtements furent volés dans la Bekleidungskammer, les sacs déchirés dans l'Effektenkammer. Chacun prenait les plus belles pièces. Les portes des entrepôts alimentaires sous la cuisine furent fracturées et des moribonds, à peine capables de se traîner, s'y s'empiffraient de conserves de viande et de tonneaux de choucroute. Pire encore : dans une cave, ils dénichèrent de la vodka. De la vodka polonaise, de l'alcool pur un peu dilué, qui vous brûlait la gorge et n'avait aucun goût.

En début de soirée, on compta les premières victimes : des gens malades, malades comme des chiens, qui vomissaient, avaient la chiasse, ça faisait peine à voir, et d'autres se roulant par terre dehors ou gisant dans le caniveau, hébétés, abrutis par l'alcool. Ce fut une soirée mouvementée.

À huit heures, le Rottenführer déboula avec quelques sbires. Ceux qui pouvaient marcher devaient se préparer. Presque tout le monde voulait partir. Seuls les Polonais préféraient rester et se firent porter pâles pour le convoi. Ils espéraient manifestement l'arrivée des partisans. Il y eut des discussions interminables sur l'état de chacun.

Deux ou trois médecins durent rester dans chaque baraquement. Au Block 19, ce furent Hans et un Hollandais non juif du nom d'Akkerman qui préférèrent les dangers du camp aux risques du convoi. Hans comptait sur l'aide de Colet et de ses collègues espagnols.

À dix heures, le Rottenführer hurla : « Tout le monde dehors ! » Sepp osa alors un acte incroyable. Il ferma la porte, se plaça devant de toute sa largeur et engueula ceux qui essayaient de passer : « Pauvre idiot, avec ta carcasse malade, que deviendras-tu dans ce froid ? Il sera bien assez tôt si le Roumain vient te chercher. »

Mais le Roumain ne vint chercher personne. Disposant seulement de quelques hommes à ses ordres, il était complètement dépassé par la situation. Bien qu'équipé de pied en cap, casque sur la tête, carabine en bandoulière et lampe torche à la main, il n'avait vraiment pas l'air à l'aise. Car maintenant, pour lui, la belle vie, c'était fini. Aussi ne remarqua-t-il pas qu'aucun occupant du Block 19 n'était au rassemblement, et c'est ainsi que le moment d'incroyable courage de Sepp sauva la vie de centaines de détenus.

Lorsque le Krankenbau se fut mis en marche, le camp se retrouva très vide. Dans les trois baraquements d'hôpital, il ne restait que quelques centaines de patients incapables de se déplacer, et bien évidemment le Block 19, plein à craquer de grabataires et de toutes sortes de gens venus demander à Sepp de les cacher.

En fin de soirée, il était peut-être onze heures, il y eut un incident. Akkerman était allé, accompagné de quelques hommes, prendre des vivres à la cuisine. Devant la porte, un SS, croyant sans doute à des pillards, tira sans sommation. Akkerman reçut une balle dans le ventre. Une heure plus tard, il était mort. Quand Hans en entendit parler, il comprit que des troubles risquaient d'éclater à n'importe quel moment, le temps d'agir était venu.

Il se rendit à la désinfection. Les Espagnols étaient en pleine délibération. Certains voulaient se cacher à la cave, d'autres - dont notamment Colet - auraient préféré fuir. Ils avaient découvert une mitraillette dans un entrepôt et comptaient bien se défendre s'ils rencontraient des SS.

Ils décidèrent d'envoyer Hans et Colet en reconnaissance. Au Block 15, qui avait vue sur le portail, il y avait de la lumière. C'étaient les pompiers qui avaient dû rester au camp. Ils étaient allés chercher un piano dans la salle de concert et faisaient un boucan d'enfer. Comme un petit garçon qui a peur dans le noir et masque sa terreur en chantant à tue-tête.

Les conjurés admirent que la situation était précaire mais qu'ils ignoraient aussi les dernières nouvelles. Les Russes n'étaient toujours pas entrés dans Cracovie et bien des choses pouvaient encore se produire avant qu'ils n'arrivent à Auschwitz.

Lorsque Hans et Alfonso sortirent, ils entendirent près du portail des voix parlant allemand dans un dialecte incompréhensible. Ils se glissèrent le long de la cuisine et, à l'aide d'un petit miroir, découvrirent deux soldats de la Wehrmacht, deux hommes âgés, montant la garde. Ils se faufilèrent à nouveau jusqu'au Block 15 et se dirigèrent tout bonnement vers le portail.

« Bonsoir, dirent les soldats.

– Bonsoir, vous êtes de garde ici ?

– Oui, nous sommes avec une compagnie dans un bâtiment juste à côté. »

Un des soldats voulut acheter la montre d'Alfonso contre du lard. Alfonso marchanda un peu, dans l'espoir d'en apprendre plus, quand soudain une voiture arriva. Ils voulurent prendre le large, mais trop tard : le conducteur venait de les appeler. C'était le Sturmbahnführer Krause, celui même qui venait d'abattre Akkerman.

« Que faites-vous ici ?

– Nous sommes des Pflegers et nous faisons notre ronde. Nous vérifions toutes les heures qu'il n'y a rien à signaler, pas d'incendie dans les Blocks ou quelque chose dans le genre, improvisa Hans.

– Laissez-nous assurer la surveillance et ne sortez plus des Blocks. J'organise des chariots pour les malades qui sont encore ici. Combien y en a-t-il approximativement ?

– Deux mille, exagéra Hans pour lui compliquer encore l'organisation en question.

– Bien, nous viendrons vous chercher au point du jour. »

De retour à la désinfection, ils ne traînèrent pas pour prendre leur décision. Ils allaient s'évader.

Ils formèrent trois groupes. Le premier, sous la conduite de Klempfner, irait au chantier où se trouvait un bunker. Le deuxième se cacherait dans les environs de la ville, près de la route menant au camp, et le troisième, les Espagnols, irait à Raisko, d'où l'on avait une bonne vue sur la route menant à l'ouest, le long de la rivière Sola. Ils étaient tous plus ou moins armés et ne se rendraient pas s'ils étaient repérés.

Les Espagnols partirent en dernier. Avec eux se trouvaient Hans et Van den Heuvel, son Stubendienst hollandais, qui avait demandé à les accompagner. Il était une heure du matin. Les barbelés, derrière le Block 28, avaient été cisaillés. En haut du mirador était posté un prisonnier membre de la nouvelle police du camp. Officiellement chargés de maintenir l'ordre, ses membres occupaient les miradors et organisaient des patrouilles pour surveiller les alentours au cas où approcheraient de dangereux groupes de SS et ainsi aider à s'enfuir ceux qui le souhaitaient.

La voie était libre. Pas le moindre SS dans le coin excepté Krause. Les soldats de la Wehrmacht au portail ne s'intéressaient pas à eux. Dehors régnait un silence de mort, une neige fine tombait sur le camp. Les hommes progressaient l'un derrière l'autre, le plus silencieusement et le plus près possible afin de ne pas se perdre de vue. En tête marchait Rudi, le Rotspanier, qui avait travaillé à Rajsko et connaissait la route.

Une demi-heure plus tard, ils atteignirent le village, qui semblait totalement abandonné. Ils arrivèrent à la petite maison que Rudi avait repérée. La porte n'était pas fermée à clé. Ils entrèrent puis montèrent l'escalier. Quand ils furent au grenier, Alfonso alluma une petite bougie. La pièce était pleine de claies, qui étaient utilisées l'été dans la pépinière.

« Je baptise cette maison "*No pasarán*" », déclara solennellement Alfonso. Ils ne passeront pas, le slogan des républicains pendant la guerre civile espagnole. Tous le répétèrent comme un serment.

La nuit fut bigrement froide, ils n'avaient emporté que quelques couvertures et n'osaient pas faire de feu. Qui sait s'il n'y avait pas encore des Boches dans le village ? Le froid empêchait Hans de dormir. Il ne pouvait cesser de penser à Friedel, qui devait marcher maintenant, marcher sans arrêt, à moins qu'elle ne soit couchée dans une grange ou une usine. Tout aurait pu se passer différemment. Si Sara ne s'était pas dégonflée, ils seraient ensemble maintenant. Ils étaient relativement en sécurité ici. Friedel par contre, quelle équipée... Non, il ne voulait pas y penser, il ne pouvait pas y penser. Il somnolait quelques minutes, puis se réveillait en sursaut au moindre bruit d'un de ses camarades.

Cette nuit-là, une vision naquit de sa peur, une vision qui ne le quitterait plus : l'image cauchemardesque de Friedel dans la neige. Tantôt elle gisait par terre, avec un trou dans la nuque, avant d'être ensevelie sous une pile de cadavres. Tantôt elle était allongée avec un sourire résigné, comme au doux souvenir de son mari survenu à l'instant ultime, puis son visage se déformait de peur et d'effroi. Mais toujours cette vision : Friedel dans la neige.

Il fut soulagé de voir le jour se lever et ses compagnons – qui avaient presque tous dormi à poings fermés – se réveiller, calmes et sereins, sentant leur libération approcher. Par la lucarne du grenier, ils observèrent les maisons et les champs enneigés. Ils apercevaient la route qui longeait la rivière et les grandes scieries de bois. Aucun signe de vie nulle part, aucune volute de fumée montant des cheminées. Tout était parfaitement désert. La neige avait même effacé leurs traces, ils se sentaient en sécurité.

Au rez-de-chaussée se trouvaient des ateliers. Les outils de menuiserie avaient été abandonnés sur les établis. Ils les dégagèrent pour s'installer tant bien que mal, entreposèrent leurs bagages dans l'armoire. Hans n'avait pas grand-chose : une boîte de pansements et quelques provisions qu'il ajouta aux réserves de la communauté.

Dans la cave, ils trouvèrent une pile de bûchettes. Ils se disputèrent brièvement sur le risque de faire du feu. La fumée se verrait de loin. Mais le besoin d'avoir chaud l'emporta sur la prudence.

Plus la journée passait, plus ils se sentaient à leur aise. Ils sortirent d'abord ramasser de la neige afin d'avoir de l'eau à boire. Ensuite, ils entreprirent de véritables expéditions dans le village, jusqu'au camp désaffecté où avaient habité les filles qui travaillaient au maraîchage. C'étaient de beaux baraquements, le maraîchage avait été un bon commando.

Hans eut un pincement au cœur en voyant la salle à manger, les gamelles, avec les restes de soupe sur la table et partout, pêle-mêle, les babioles que les filles avaient dû abandonner : une pelote de laine, une mascotte, un peigne ou un mouchoir. Qu'étaient devenues ces filles ? Puis à nouveau cette vision.

Mais l'heure n'était pas au sentimentalisme. Ils traînèrent jusqu'à leur abri des paillasses, de la vaisselle et tous les ustensiles de cuisine qu'ils purent trouver. Un bon feu brûlait, ils avaient bien mangé et tandis que l'un d'eux montait la garde devant la lucarne du grenier, ils se couchèrent sur les sacs de paille dans la chambre chauffée. Ils avaient assez de couvertures, et lorsque la fatigue et le confort sont réunis, qu'ils invitent au sommeil, même la plus cauchemardesque des visions s'estompe derrière un doux voile de mélancolie. C'est ainsi que Hans plongea dans un long et profond sommeil.

Le lendemain, il ne se passa rien de particulier. Pas une âme en vue dans cette étendue de neige sans fin. Mais le troisième jour, on cogna violemment à la porte. Ils sursautèrent. C'était un soldat de la Wehrmacht. Le guetteur à la lucarne du grenier ne l'avait pas vu arriver, il y avait un angle mort par lequel le soldat avait dû passer.

Ils se concertèrent. « On le laisse simplement entrer », dit Alfonso. Ils coiffèrent leur casquette pour cacher leurs crânes rasés et ouvrirent. Le soldat salua, ne paraissant rien soupçonner.

Comment avaient-ils atterri dans un patelin aussi isolé ?

Ils racontèrent qu'ils avaient travaillé dans une usine de l'autre côté de Cracovie. Ils étaient des *ausländische Zivilarbeiter*, des ouvriers civils étrangers. Ils avaient fui à l'arrivée des Russes, avaient marché pendant trois jours et reprenaient maintenant leur souffle avant de continuer. Le soldat demanda à quelques-uns de le suivre pour l'aider à porter de la paille dans un baraquement car une compagnie entière allait bientôt arriver.

Après le départ du soldat, Alfonso engueula copieusement Nase, le Rotspanier, qui portait encore un pantalon de prisonnier. « Espèce d'abruti, tu aurais pu nous faire tomber ! Il y avait pourtant assez de vêtements civils au camp. » Heureusement, l'un d'eux avait un pantalon civil en trop.

C'est ainsi qu'ils cohabitèrent quelques jours avec les soldats. Un jour, Alfonso et Rudi les accompagnèrent au camp. Les soldats en ramenèrent une voiture pleine de vivres de la cantine SS – et chacun toucha sa part du butin. Boîtes de lait condensé, macaroni, conserves, viande et bouteilles de champagne. Les SS n'avaient manqué de rien ! Ils avaient même rapporté pour Hans un saxophone qu'ils avaient déniché là.

Un midi, un soldat un peu plus futé que les autres entra dans leur maison. Il raconta une longue histoire à propos de partisans qu'ils avaient poursuivis et regarda les garçons d'un air inquisiteur. Hans dévia la conversation pour tenter de noyer le poisson. Mais le soldat le montra soudain du doigt : « Tu m'as l'air plutôt juif, toi, ôte donc ton béret. »

Ils prirent peur, et un lourd silence tomba dans la pièce.

« Bah, qu'est-ce que ça peut foutre après tout, dit le soldat, brisant enfin la tension. Je ne suis pas un de ces maudits SS ! »

Ils respirèrent et Hans, qui avait cru mourir de trouille, donna au soldat trois boîtes de lait condensé. Lorsque le soldat fut parti, tous lui tombèrent dessus. Pourquoi ne s'était-il pas tenu un peu plus en retrait ? Pourquoi avait-il été assez bête pour donner du lait au soldat, une tentative infantile de corruption ? Si le type leur voulait du mal, ce n'était pas une boîte de lait qui allait l'arrêter !

Hans admit qu'ils avaient raison. « Bien sûr, je suis comme ces Juifs qui entraient au maquis en Hollande et se faisaient attraper et envoyer ici. Il y avait toujours des problèmes. On trouvait toutes sortes de types parmi eux : des intellectuels qui n'avaient jamais fait de politique tout comme des petits commerçants qui, sans rien comprendre de la situation, passaient dans la

Résistance. Par leur manque de formation politique, leur comportement maladroit, ils se sont souvent trahis et, avec eux, ceux qui les aidaient, et ils ont atterri ici. Mais je ferai gaffe désormais. »

Le même jour, les soldats partirent. Le soir, à la brune, Jacques et Rudi se faufilèrent jusqu'au camp pour voir s'il y avait du nouveau. Mais il n'y avait rien de particulier. Le camp était sans surveillance, pour le plus grand bonheur de tous les occupants. La plupart étaient gravement malades, mais il y avait encore assez d'infirmiers et de francs-tireurs pour faire tourner la machine. Un seul fait était à signaler : on disait qu'il restait encore plusieurs milliers de femmes à Birkenau.

Cette nouvelle retint particulièrement l'attention d'Alfonso. « Plusieurs milliers, comment est-ce possible ? Birkenau était presque vide quand l'évacuation a commencé la semaine dernière et trois mille détenues au moins, arrivées via notre camp de femmes, se sont mises en marche. Peut-être que finalement les femmes ont rebroussé chemin et qu'elles sont revenues. Peut-être que ce sont les Russes qui les tiennent enfermées là. J'irai y jeter un œil moi-même demain matin pour me faire ma propre opinion. Tu m'accompagnes, Jacques ?

– Laisse-moi venir aussi, demanda Hans. Friedel y est peut-être.

– Toi ? Tu gâcherais toute l'affaire. »

Hans préféra garder le silence. Ça s'arrangerait.

Après bien des palabres, Hans fut autorisé à les accompagner.

Il devrait faire exactement ce que dirait Alfonso, interdiction de s'éloigner d'eux ou de parler avec des étrangers qu'ils rencontreraient en chemin. Hans répondit d'un petit rire narquois. Ils n'avaient plus trop confiance en ses talents de partisan, mais l'emmenèrent quand même tant cette expédition était importante pour lui.

Le jour venait de se lever quand ils se mirent en route. Alfonso conduisait le groupe. Tout bien considéré, il avait préféré laisser la mitraillette à la maison. Ils dépassèrent les baraques des filles et arrivèrent en plein champ. La couche de neige était épaisse d'au moins trente centimètres, mais ce n'était pas gênant. Ils avaient de hautes bottes et des chaussettes de laine.

Au bout d'une heure, ils atteignirent la voie ferrée. On apercevait déjà les baraques de Birkenau.

Au portail du camp, ils virent une femme assise contre un poteau dans la neige. Elle fit un geste lent de la main. Hans s'accroupit près d'elle.

« C'est déjà l'heure de manger ? », leur demanda la femme d'une voix à peine audible. Puis elle s'assoupit. Elle devait être assise depuis longtemps dans la neige.

Jacques exhorta Hans à continuer : « À moins que tu veuilles aider les milliers de femmes couchées dans la neige ? »

Jacques avait raison. Ils longèrent la voie ferrée qui traversait cette grande ville de baraques, alignées de part et d'autre, en rangées interminables. Tout était blanc, tout était mort. La Lagerstrasse, l'allée centrale du camp, suivait la voie ferrée, et là, sur le bas-côté – Jacques avait raison –, tous les dix mètres environ, une femme était couchée.

Ce n'étaient quasiment que des vieilles femmes, les plus faibles, celles qui dès le départ du cortège, peut-être même pendant l'appel, s'étaient effondrées, à bout de forces. Elles gisaient toutes dans des positions bizarres. Hans avait vu beaucoup de cadavres, mais jamais d'aussi étranges. Certaines femmes, ramassées sur elles-mêmes, entouraient leurs jambes de leurs bras, d'autres tendaient un bras en l'air, comme pour essayer de se relever. Mais toutes avaient la tête couverte du sang du coup de grâce donné par les hommes qui les avaient escortées pour, dans un geste d'humanité, les délivrer de leurs souffrances ou peut-être aussi éviter qu'elles soient libérées par les Russes.

Beaucoup de ces femmes étaient pratiquement nues, leurs vêtements ayant été arrachés par des gens des environs. Plus une ne portait de chaussures.

Après avoir parcouru près d'un demi-kilomètre, ils virent dans la neige des traces de pas qui s'écartaient de la rue principale pour passer entre deux rangées de baraques. Ils les suivirent.

Quelques centaines de mètres plus loin, ils découvrirent le premier signe de vie au camp. Une femme, encore une enfant. Apercevant les hommes, elle se réfugia dans un baraquement. Ils allèrent la rejoindre et Alfonso poussa la porte. Leur respiration s'arrêta aussitôt, et leurs jambes refusèrent de continuer à avancer. Une nausée les submergea, pareille à celle du malade qui sent le souffle de la mort, dans l'odeur douceâtre, écœurante, du chloroforme. Hans se retint au chambranle, car l'enfer de ces centaines de misérables créatures, cet entrepôt rempli d'êtres oscillant entre la vie et la mort, lui donnait le vertige.

Hans ne pouvait arracher son regard au spectacle de ces infortunés vivants et bienheureux cadavres couchés pêle-mêle dans leurs châlits. À cela s'ajoutèrent les faibles plaintes, les cris d'angoisse, ou les appels au secours de ceux qui les aperçurent. Hans et ses compagnons se ressaisirent enfin et entrèrent dans le baraquement.

Ils parlèrent avec les femmes les plus vaillantes, qui leur firent toutes le même récit. Six jours auparavant, le camp entier avait été rassemblé. Même les infirmières et toutes les malades capables de se déplacer avaient dû se rendre à l'appel. Les autres étaient restées au lit. Personne ne leur donna à manger, personne ne les soigna, personne n'enleva les cadavres. Plus aucune n'avait la force de le faire. Et bien peu étaient encore capables de sortir pour faire leurs besoins. Les autres faisaient sous elles, dans leur lit. La puanteur des excréments se mêlait à celle des cadavres et des gaz émanant des bras et des jambes noircis par le gel.

Ils parlèrent avec une jeune Tchèque. Toutes ces femmes étaient de Birkenau. Non, elle ne savait rien d'éventuels convois qui seraient revenus. Elle-même était arrivée de Theresienstadt avec ses parents et sa sœur. Comme elles étaient jumelles, la famille avait initialement été épargnée, car étudier le sang des jumeaux était un hobby du Lagerartz. Mais elles avaient perdu leur père de vue et leur mère était morte de dysenterie deux mois plus tôt. Maintenant, elle occupait ici le même lit que sa sœur, qui était morte la veille au soir. Avant de mourir, elle avait demandé autour d'elle qu'on la retourne sur le côté pour qu'elle puisse une dernière fois regarder sa jumelle dans les yeux. En unissant leurs forces, elles y étaient parvenues. Aujourd'hui, elle mourrait elle aussi, elle était à bout.

Hans jura. Il pensait à cette famille, le père, la mère et les deux filles… Il les imaginait à Prague. C'était l'été, après leur promenade, ils s'étaient installés à une terrasse pour se désaltérer. Le père parlait de son affaire, et la mère le félicitait : il avait donné le meilleur de lui-même, et aujourd'hui, après des années de travail, il avait réalisé ses rêves. Et les gamines se taquinaient quand passait un ami d'école qui les saluait timidement.

« Tiens, demandait le père, laquelle de vous est l'heureuse élue ? »

Elles rougissaient, et toute la famille riait.

Et maintenant, maintenant, la famille était brisée. Maintenant, la dernière, couchée ici, les pieds gelés, attendait la mort en pleurant, la tête contre le cadavre de sa sœurette bien-aimée.

Ils se dirigèrent vers le baraquement suivant. Sur le pas de la porte se tenait un homme, un Hongrois.

« Que faites-vous ici ? », demanda Jacques.

L'homme, nerveux, se retourna comme si quelqu'un le menaçait. Il saisit Jacques par le bras. Le relâcha. Se passa la main sur le crâne et regarda à nouveau derrière lui. Il donnait l'impression d'une confusion totale. En mauvais allemand, il expliqua : « Parti en convoi la semaine dernière. Notre troupe faisait mille deux cents hommes. Terrible équipée, marcher jour et nuit. Moi, je suis un bon marcheur, c'était un bon commando, mais beaucoup étaient épuisés. Le premier jour, cent au moins avaient abandonné. Quand ils tombaient dans la neige, le SS comptait jusqu'à trois, puis tirait. En une journée, on avait parcouru quarante kilomètres. Puis continuer. Cent kilomètres en trois jours. On n'était plus que sept cents. Toutes les routes de Haute-Silésie sont jonchées de cadavres. Le soir du troisième jour, on a senti quelque chose de louche. On s'est arrêtés, les SS discutaient ferme. Il semblait que notre route était barrée par les Russes. On a continué en passant par la forêt. Le chemin était en contrebas, et les SS marchaient en haut sur les côtés. Soudain, ils ont commencé à tirer. Je me suis jeté derrière un tronc d'arbre. C'est ce qui m'a sauvé. Après le départ des SS, je me suis relevé. Certains gars n'étaient pas morts. Ils gémissaient doucement, mais ne pouvaient plus avancer, ils avaient été touchés au ventre ou aux jambes. Nous avons pris à trois la route du retour. La journée, on se cachait, et la nuit, on continuait. Parfois, des paysans nous donnaient un peu à manger.

– Ça s'est passé comme ça avec tous les convois ? demanda Hans.

– Je ne sais pas, mais nous n'en reverrons pas beaucoup. »

Non, on ne leur laissait pas grand espoir. La vision de Hans finirait par devenir réalité. Étrange comme la vie se poursuivait, comme la terre continuait à tourner. Nous avons le sentiment d'être le centre de l'Univers, avec ceux que nous aimons. Mais que nous soyons heureux ou crevions dans la neige, l'Univers s'en moque éperdument.

Ils entrèrent dans le deuxième baraquement. Hans y découvrit une jeune Hollandaise. Elle s'appelait Adelheid. Elle supplia Hans de l'aider. Il lui donna un quignon de pain qu'il avait dans sa poche. Elle s'en empara comme un animal affamé, et toutes les femmes à côté d'elle se redressèrent à leur tour pour obtenir, elles aussi, quelque chose.

Hans promettait et promettait. Que faire d'autre ? Mais il savait qu'il ne pourrait jamais respecter ses promesses, il savait qu'il ne leur serait d'aucune aide. Il aurait beau amener ici tout ce qui lui tomberait sous la main, ça ne servirait à rien, si ce n'est à provoquer des disputes et de nouveaux malheurs. Des baraques comme celle-ci, il y en avait cinq, soit deux mille femmes et, parmi elles, des centaines de cadavres. Qui pourrait remédier à cette situation ? Les Russes ? Qu'attendaient-ils donc ? Pourquoi le grondement des canons ne se rapprochait-il pas ?

Bien évidemment, ces deux mille malheureuses ne pesaient qu'un grain de sable dans la balance des millions d'autres que Berlin avait sur la conscience. Mais elles étaient le reliquat du plus grand de tous les drames de cette guerre. Les lettres qui écrivaient la page la plus noire de l'Histoire… « Birkenau. »

Le soir était déjà tombé quand ils rentrèrent à *No pasarán*. Ils s'assirent près du poêle brûlant. Van den Heuvel préparait du café quand soudain Alfonso, qui montait la garde, appela ses camarades : « Une femme avec la tête bandée ».

Les hommes se pressèrent devant la lucarne du grenier et discutèrent de la conduite à suivre.

La fille était à quelques centaines de mètres d'eux. Elle marchait lentement, comme à tâtons, entre les maisons. Dans l'obscurité naissante, ils distinguaient mal à qui ils avaient à faire, seul le bandage blanc autour de sa tête était clairement visible.

« Laissons Jacques et Rudi l'approcher, proposa Alfonso. Soyez prudents.

– Bon, alors, nous ferons d'abord un tour et en revenant, nous la croiserons. »

Ils se mirent en route. Après quelques minutes, ils se trouvèrent face à elle. La jeune fille prit peur. Elle leur demanda en allemand qui ils étaient.

« Des ouvriers, des environs, Pouvons-nous vous aider ? »

Elle les dévisagea d'un air hésitant puis, s'appuyant contre le chambranle d'une porte, incapable de se maîtriser plus longtemps, elle fondit en larmes. Jacques lui passa un bras autour de la taille, et ils l'emmenèrent à *No pasarán*. Lorsqu'elle vit près du poêle les hommes au crâne rasé, elle sourit à travers ses larmes. Ils la firent asseoir près du feu et Van den Heuvel lui servit du café. Max la questionna sans attendre.

« D'où viens-tu ? Comment as-tu été blessée ? »

Elle sursauta.

« Merde, vieux, donne-lui le temps de respirer », aboya Hans.

La fille le dévisagea. « Vous êtes hollandais ? » demanda-t-elle en néerlandais.

D'abord surpris, Hans se présenta.

« Je me rappelle vous avoir aperçu à Westerbork, répondit-elle. Je m'appelle Roosje... J'étais à l'enregistrement. »

Il lui tapota l'épaule et lui dit de se reposer. « Qu'est-il arrivé à ta tête ?

– Un coup de crosse, un paysan m'a fait un pansement provisoire. »

Le pansement n'était qu'un morceau de tissu coupé dans un drap. Hans sortit sa boîte de secours pendant que Rudi défaisait le vieux pansement. Les cheveux de Roosje formaient une masse, agglomérée par le sang.

« Comment nettoyer ça ? Il faudrait de l'eau oxygénée...

– Coupe-les, dit-elle. De toute façon, ils sont pleins de poux. »

Hans admira son sens pratique et bien qu'à contrecœur, il lui rasa les cheveux. La blessure n'était pas très large mais profonde : elle traversait le cuir chevelu. Roosje souffrit beaucoup mais se montra courageuse. Après les soins, le crâne bandé, elle alla s'allonger sur la pile de matelas. Tous se taisaient, buvant leur café.

Soudain, elle commença à raconter : « J'étais dans un camp de travail aux environs de Neu Berun. J'y suis restée quatre mois avec ma mère et ma petite sœur. Ma mère est morte le mois dernier.

– Quand as-tu quitté Westerbork ?

– Il y a six mois, nous sommes parties pour Theresienstadt. Puis nous avons passé une semaine à Birkenau avant de continuer en direction de l'Arbeitslager. Nous étions mille femmes entre quatorze et soixante ans. Officiellement, les limites étaient seize et cinquante, mais, par peur, beaucoup de femmes âgées se sont déclarées plus jeunes. Nous avons vécu d'abord dans des tentes en toile mais en novembre, quand les premières neiges sont tombées, nous avons obtenu des abris en bois. Ils étaient prévus pour quarante personnes chacun, mais nous devions y tenir à cent. C'est ainsi que nous avons attrapé des poux et la gale.

– Comment étiez-vous traitées ?

– Il fallait travailler dur. Nous étions gardées par vingt hommes en uniforme noir du *Sonderdienst** SS. Il y avait un Oberscharführer et un responsable politique. Nous recevions trois cents grammes de pain et un litre de soupe par jour. Jamais le moindre rab, jamais la moindre possibilité « d'organiser ». Deux cents d'entre nous sont mortes en quatre mois. Ma mère avec.

– Il n'y avait pas de Revier ?

– Si, il y avait une tente hôpital. Les Hongroises l'appelaient la "salle d'attente". Tu n'y entrais que si tu étais complètement foutue, pour y attendre la mort. Même si, finalement, on attendait toutes la mort. C'était tellement horrible.

– Il y avait un médecin ? », demanda Hans.

Max le rabroua : « Ne l'interromps donc pas tout le temps.

– Quand ma mère est morte, nous avons dû nous-mêmes creuser sa tombe. Jamais je ne me suis sentie aussi misérable de ma vie. Pour ma mère, la mort était une délivrance, elle souffrait affreusement. Les derniers temps, cette femme intelligente, toujours curieuse de tout, ne parlait plus que de nourriture. Elle avait une atroce diarrhée et les jambes gonflées. Elle a travaillé jusqu'à quatre jours avant sa mort. Je ne comprends pas comment moi, je peux encore vivre. Mon père est mort, ma mère aussi, et ma petite sœur a disparu. » Elle soupira puis resta silencieuse.

« Où est donc votre sœur ? demanda Alfonso.

– Je l'ai perdue. La semaine dernière, nous avons vu passer les Häftlingen d'Auschwitz. Des colonnes sans fin.

– Il y avait beaucoup de femmes parmi eux ? demanda Hans.

– Oui, mais nous n'avons pu parler à personne, nos gardes nous en empêchaient. Nous pensions que nous aussi, nous partirions bientôt, mais nous sommes restées à travailler jusqu'à avant-hier. Je crois qu'ils nous ont gardées aussi longtemps parce que nous creusions des fossés antichars. Hier à l'aube, ils ont soudain crié : "Rassemblement général". Seules resteraient sur place les malades et celles qui n'avaient pas de chaussures. Au total, plus de deux cents, car beaucoup avaient tellement usé leurs galoches qu'elles avaient dû travailler pieds nus dans la neige. Cinq cents femmes se sont mises en marche. Je ne sais pas ce qu'elles sont devenues. Nous qui restions espérions mourir. » Elle se tut et se mordit les lèvres.

« Pourquoi tu ne veux pas nous en dire plus ? demanda Hans.

– Bah, vous ne me croirez pas.

– Pourquoi pas ? Nous ne savons que trop bien que tout est possible avec les SS. En Hollande, moi non plus, je ne voulais pas croire ce que racontait la radio anglaise sur le gazage des Juifs polonais. Mais maintenant, hélas, j'ai dû me rendre à l'évidence. »

Elle haussa les épaules. « On ne nous croira pas non plus quand nous rentrerons en Hollande et que nous leur raconterons tout.

– Nous saurons les persuader, et on publiera des rapports officiels qui prouveront que nous disons la vérité. Et s'il quelqu'un doute encore, je lui demanderai tout simplement où est ma mère et où sont mon père, mon frère et ces dizaines de milliers d'autres...

– Vous avez peut-être raison, docteur... Après le départ du grand groupe, il ne restait que deux cents femmes, l'Oberscharführer et deux gardes. L'Oscha est allé dans deux baraquements faire des injections aux femmes. L'injection, soi-disant contre le typhus, devait être pratiquée en intraveineuse. Mais nous avons très bien compris ce qu'il en était vraiment. L'Oscha a raté ses piqûres, et seulement deux filles n'y ont pas survécu. Elles ne pouvaient plus parler et sont mortes en quelques heures après avoir sombré dans une confusion totale. Il semblerait que l'Oscha n'avait pas assez de produit, car il n'a pu traiter qu'une cinquantaine de femmes. À midi, il est entré dans les baraques avec les deux caporaux et a envoyé dehors toutes celles encore capables de se déplacer, une pitoyable horde de cent détenues à moitié vêtues, pieds nus dans la neige. La plupart s'étaient enveloppées dans une couverture. Elles n'avaient plus qu'un seul souhait : souffrir le moins possible. Aucune peur ne se lisait sur leurs visages émaciés, toutes savaient ce qui les attendait, toutes l'avaient prévu, depuis quatre mois. Elles en avaient assez de la faim, assez du froid, assez des plaies, assez des poux et de la gale.

– Vous ne saviez donc pas que les Russes approchaient ? Vous n'aviez donc aucun moyen de vous sauver, de vous rebeller ? Il n'y avait pourtant que trois SS. »

C'était Alfonso qui avait parlé, l'Espingouin, le farouche combattant de la guerre civile qui s'était battu pour la vie. Il avait craché ces mots en signe de protestation contre ce qui lui paraissait une lâcheté impensable.

Elle sourit de cet éclat. « Bah, certaines se sont enfuies, mais la plupart étaient à peine capables de bouger un pied, décharnées comme elles étaient. Non, la mort ne venait pas en ennemi mais en libérateur. Judith, une Hongroise, pleurait. L'Oscha la repoussa violemment : “Ne pleure pas, stupide oie.

– Qu'allez-vous faire de nous, Oscha ?

– Je vais toutes vous tuer.

– J'aimerais tant revoir mes parents.

– Tu les reverras, dans l'autre monde.” »

Roosje reprit son récit : « Le cortège se mit en route. Lentement, pas à pas, en nous traînant et nous soutenant mutuellement. Nous marchions vers le fossé antichar que nous avions creusé. C'était à trois cents mètres, mais le trajet dura presque une demi-heure. Et il y en avait toujours une qui essayait de s'enfuir mais, la plupart du temps, l'Oscha n'avait aucune peine à la rattraper. Quelques-unes réussirent pourtant à s'échapper. À mi-chemin, j'ai donné une bourrade à ma sœur. “Nous devons tenter le coup”, lui ai-je dit. Elle ne voulait pas, elle ne se sentait plus capable du moindre effort. Mais quand l'Oscha a pris en chasse une femme âgée qui se trouvait déjà à une cinquantaine de mètres et que les gardes regardaient de l'autre côté, j'ai entraîné ma sœur, et nous avons couru comme nous pouvions. Mais déjà notre bourreau revenait, et il nous a poursuivies. Nous avions maximum cent mètres d'avance. Anja n'en pouvait plus. Il ne restait qu'une solution. Je lui ai crié de se laisser tomber. Elle a roulé dans un fossé, et j'ai couru aussi vite que possible. L'Oscha a ignoré Anja et s'est lancé à ma poursuite. Ce fut le moment le plus dur de ma vie, j'étais à bout de forces. »

Elle se tut un instant, les larmes aux yeux. « Je me suis rendue et suis repartie avec l'Oscha. Quand nous sommes arrivées aux fosses, ils nous ont ordonné de nous y coucher sur le ventre. Les SS ont tiré trois salves de mitraillette. Je vivais encore, mais j'avais à moitié perdu la tête. Je n'avais plus qu'un seul désir : "Oh, Seigneur, laisse-moi mourir." Ce n'était plus supportable. Et voilà que les trois hommes revenaient finir leur travail, frappant la tête de leurs victimes avec la crosse de leur fusil. J'ai vu le sang gicler, éclabousser les femmes, les trois hommes et la neige blanche, j'ai vu tout devenir rouge. Puis j'ai moi aussi reçu un coup sur la tête, et tout a été fini. »

Elle soupira profondément.

Jacques lui caressa doucement le bras. Elle esquissa un sourire, comme soulagée d'avoir pu vider son cœur auprès de compagnons fiables.

« Ils avaient mal fait leur travail. Après un court moment, une heure peut-être, j'ai repris connaissance.

J'étais dans la fosse au milieu de ces femmes assassinées, mais je vivais encore. J'ai senti que quelque chose avait changé en moi. Que je devais continuer, vivre pour raconter, pour en parler à tout le monde, pour convaincre les gens que ça s'est vraiment passé... Au nom de ma mère, au nom de mon fiancé et de ces millions de personnes assassinées de multiples manières : gazage, pendaison, noyade, inanition et j'en passe. J'ai survécu à une de ces morts. L'ayant vécue, je peux la raconter, je dois la raconter, et je le ferai. »

À nouveau, elle se tut et dévisagea ses compagnons. Ils étaient assis, immobiles, le visage crispé. On entendait le grondement des canons.

« Dix kilomètres », dit Jacques, et tous serrèrent les dents. Encore dix kilomètres et ils seraient libres. Non, pas libres, car ils avaient une mission, un but qui les liait à vie. Ils devaient crier, hurler ce qu'ils avaient vécu. Ils étaient les apôtres d'une vengeance si rigoureuse que la barbarie disparaîtrait à jamais de la terre. Une vengeance qui purifierait le monde et ouvrirait la voie à un nouvel humanisme.

« Bien qu'à moitié gelée, et souffrant d'un violent mal de tête, je suis parvenue à sortir de la fosse. Je me suis traînée jusqu'à l'endroit où Anja s'était laissée tomber. Elle n'y était plus, mais j'ai vu que sa trace continuait dans la neige et je me suis dit qu'elle avait réussi à se sauver.

« Puis j'ai clopiné en direction des baraquements. À l'intérieur gisaient les cadavres des femmes incapables de se déplacer dont on s'était sûrement occupé après notre départ. Quand je suis entrée au Block 8, le bloc du typhus, j'ai éprouvé une joie irrésistible. Le Block était vivant. Ici non plus ils n'avaient pas fait leur travail à fond. L'Oscha croyait certainement ce qu'il avait affirmé ce matin-là : "Celles qui ont le typhus crèveront bien d'elles-mêmes !" Je suis allée m'allonger sur la paille et me suis endormie. En début de soirée, nous avons encore eu une dernière grande frayeur : la Wehrmacht ! Mais les soldats ne nous ont rien fait. Au contraire. Ils ont vidé l'entrepôt du camp et nous ont donné de la nourriture et quelques vêtements. Quand la nuit est tombée, je me suis enfuie. Je voulais aller à Birkenau car je pensais qu'Anja serait allée là-bas dans l'espoir de trouver son mari. J'avançais difficilement dans la neige et, quand le jour s'est levé, je m'étais complètement perdue. Un paysan m'a emmenée chez lui, m'a fait un pansement et donné à manger. J'ai dormi toute la journée. Vers le soir, je suis repartie, et maintenant... »

Ils avaient l'impression que le danger des SS était écarté et que, pendant les prochaines heures de combat, ils seraient plus à l'abri au camp que dans ce village abandonné. C'est pourquoi plusieurs d'entre eux y retournèrent. Dans le baraquement de Hans, les détenus le regardèrent comme s'ils voyaient un fantôme. Japie, le petit Stubendienst hollandais, était ravi. Il avait vécu des angoisses terribles.

Hans alla s'asseoir près de l'ingénieur Gedl.

« Tu as eu raison, mon garçon, de filer en douce.

– Comment ça ?

– Tu ne sais donc pas ce qui s'est passé hier ? À trois heures de l'après-midi est arrivée une équipe de SS, de ces chiens du commando d'extermination, vêtus de noir et armés jusqu'aux dents. Ils sont entrés dans les baraques et en ont chassé tout le monde, en frappant avec la crosse de leur fusil. Ce pauvre vieux Zlobinsky a eu la tête tout esquintée. Même les grabataires se sont retrouvés dehors, soutenus par les infirmiers et les patients encore capables de mettre un pied devant l'autre. Alors ils nous ont dit de retourner à l'intérieur. Qu'ils allaient chercher des camions pour nous conduire au train et, quand ils reviendraient, nous devrions nous rassembler. Ensuite, ils sont partis à Birkenau et y ont joué le même scénario. Beaucoup étaient incapables de quitter leur lit. Avec environ mille éclopés de Birkenau, ils se sont dirigés vers Auschwitz. Ils n'en étaient plus qu'à quelques centaines de mètres lorsqu'un camion est arrivé, de l'intérieur quelqu'un leur a crié quelque chose, ils ont sauté à l'arrière, et on ne les a plus revus. Alors, la plupart des malades sont retournés à Birkenau. Et les plus vaillants ont continué vers Auschwitz.

– Savez-vous ce qu'ils ont crié de cette voiture ?

– Selon ceux qui étaient tout près : "*Der Zug ist schon da.*" Un train devait venir à sept heures pour évacuer tous les SS de ce district et les conduire en lieu sûr. Il est arrivé avec quelques heures d'avance, et c'est ce qui nous a sauvés.

– Vous êtes sûr qu'ils voulaient tuer tout le monde ? »

Gedl envoya Japie chercher quelqu'un à l'étage. C'était un homme de petite taille. Il avait l'air très mal en point, mais sa détermination semblait inébranlable. « Dr Weill, de Zarni Podebsadi, en Slovaquie. »

Hans lui serra la main. « Maintenant, vous serez bientôt de retour chez vous.

– Chez moi est une notion relative. Toute ma famille a été exterminée. Hier, je l'ai échappé belle. J'étais médecin à Trzebinia, un commando minier à trente kilomètres d'ici. Six cents détenus sont partis en convoi. Je suis resté sur place avec quatre-vingt-dix personnes, des malades principalement. Hier vers midi, une équipe de douze SS s'est pointée. Ils ont rassemblé devant le baraquement ceux qui pouvaient marcher. En quelques minutes, ils ont tué à coups de revolver tous ceux qui étaient restés au lit. Nous étions une quarantaine capables de nous déplacer. Nous avons dû faire un bûcher avec des sacs de paille pour y brûler les cadavres : une couche de sacs de paille, une couche de cadavres et chaque fois que nous avions ramené une fournée du baraquement, ils retenaient une dizaine d'entre nous et les abattaient. Par trois fois, un SS m'a demandé : “Vous n'êtes pas encore fatigué, docteur ?” Pourquoi j'ai chaque fois répondu non, je l'ignore. Ça n'aurait rien changé de toute façon. Quoi qu'il en soit, je sortais du baraquement avec les derniers cadavres et me dirigeais vers le bûcher quand un homme en civil est venu vers moi. Je le connaissais, c'était un surveillant Gestapo de la mine. Je lui avais occasionnellement refilé des médicaments. "Vous n'avez pas envie de passer par-dessus la clôture, docteur ?" J'ai cru qu'il se moquait de moi, mais qu'avais-je encore à perdre ? Par miracle, il parlait sérieusement. Ils m'ont laissé m'échapper.

« Voilà, mon garçon, ajouta Gedl, et ce sont ces mêmes SS qui une heure plus tard sont venus ici. Alors, tu comprends sans peine ce qui nous serait arrivé. Heureusement que ces héros étaient plus préoccupés par leur train et l'envie de filer que par leur "devoir" vis-à-vis de nous. Finalement, nous ne devons la vie qu'à une succession de miracles. »

« Il nous faut du sucre, sinon je ne pourrai pas faire de crêpes », déclara Japie.

Hans avait vu de sucre quelque part. Au Block 14, croyait-il. Il s'y rendit avec un sac.

Au Block 14, il ne trouva rien ; il alla au 13. Dans la cave du Block 13 étaient assis trois hommes. Ils fumaient tranquillement une cigarette, comme si tout était normal. Hans les salua et leur demanda s'ils avaient vu du sucre. Le plus âgé sourit : « Non, nous n'avons rien vu ici, nous ne sommes arrivés qu'hier de Birkenau. » Il parlait très mal l'allemand.

Hans lui demanda d'où il était originaire et s'il ne préférait pas parler français. La conversation en fut facilitée. L'homme se présenta : Kabeli, ou plutôt Pr Kabeli, car il enseignait à la faculté de lettres d'Athènes. Hans alla s'asseoir près d'eux. Il demanda au professeur dans quel commando il avait travaillé.

« Le *Sonderkommando**. »

Hans sursauta : c'était la première fois qu'il rencontrait quelqu'un qui avait travaillé dans le « commando spécial », dans les chambres à gaz et les crématoriums. Maintenant que tout était fini, il allait apprendre comment ça se passait exactement à Birkenau.

Le professeur sourit : « Vous n'osez pas me poser de questions à ce sujet, mais moi, je n'ai aucun problème à en parler. Après tout, quand vous retournerez en Hollande, il vous faudra pouvoir tout raconter dans le détail.

– Vous êtes resté longtemps au Sonderkommando ?

– Un an. En général, on n'y survivait que deux à trois mois, mais j'avais une protection, c'est pourquoi je suis passé entre les mailles du filet.

– Vous voulez bien me parler des crématoires ?

– Certainement. Il y avait quatre crématoires. Les 1 et 2 se trouvaient près du train, les 3 et 4 dans la sapinière derrière le Zigeunerlager (le camp des Tsiganes). Beaucoup de Grecs travaillaient aux crématoires 3 et 4. Laissez-moi vous dessiner un schéma du crématoire 3. Il y venait entre sept cents et mille personnes en même temps. Hommes, femmes, enfants, nourrissons et vieillards mélangés, en bonne santé ou malades. Généralement, les plus vigoureux, jeunes femmes et hommes, avaient été sélectionnés à la descente du train, mais souvent, des convois entiers arrivaient au crématorium. Les gens entraient d'abord dans la salle d'attente A puis passaient par un couloir étroit dans la zone B. Les murs étaient couverts de toutes sortes de slogans sur la propreté et le savon, comme : "*Halte dich sauber*" (Sois propre), "*Vergesse nicht deine Seife*" (N'oublie pas ton savon), pour que, jusqu'à la fin, les gens gardent l'impression d'entrer dans des bains. Dans cette antichambre B, ils devaient se déshabiller. À chaque coin de la pièce était posté un SS armé d'une mitraillette. Mais ils n'avaient jamais à l'utiliser, tous ces gens étaient calmes. Même ceux qui comprenaient qu'ils allaient à la mort sentaient l'inutilité de se révolter. Si lutter pour vivre était vain, autant souffrir le moins possible. Quand les convois se succédaient à un rythme plus soutenu, il fallait mettre les bouchées doubles. Le Sonderkommando s'en mêlait, découpant les vêtements directement sur les gens, leur retirant leurs bijoux des doigts, et arrachant leurs montres assez brutalement parfois pour leur briser les poignets. Les cheveux longs étaient coupés, car ils avaient de la valeur pour l'industrie. Puis le troupeau entrait dans la "salle des douches", une vaste pièce éclairée à la lumière artificielle. Au plafond, il y avait trois rangées de pommeaux de douche. Quand tout le monde était entré, la grande porte se refermait. Bordée de caoutchouc, qui la rendait étanche, elle était actionnée électriquement. L'heure du drame avait sonné. Le gaz était contenu dans des boîtes, sous forme de granulés de la taille de petits pois, vraisemblablement des cristaux de ce gaz condensé, du cyanure, le Zyklon[1]. Des orifices étaient percés dans le plafond, entre les douches. Le SS vidait ces boîtes par un de ces orifices et le rebouchait vite. Puis le gaz se dégageait et, en cinq minutes, tout était terminé. Beaucoup de victimes ne se seront jamais rendu compte de ce qui leur arrivait, mais ceux qui en étaient conscients essayaient souvent de retenir leur souffle. On les retrouvait morts dans une posture crispée.

« Je me souviens d'une fois où ça s'est passé autrement : deux cent cinquante enfants juifs polonais devaient être gazés ; après s'être déshabillés, ils se sont placés d'eux-mêmes en une longue file et ont chanté le *Chema Israël*, la prière juive des mourants, ils ont pénétré en rang parfait dans la chambre à gaz.

« Donc, le SS consultait sa montre : les clapets devaient rester fermés cinq minutes. Il appuyait sur un bouton et une série de clapets – commandés électriquement – s'ouvraient de part et d'autre de la chambre à gaz. Quand le gaz s'était suffisamment dissipé, le Sonderkommando entrait à son tour. Les gars avaient de longues perches munies d'un crochet à leur extrémité. Ils posaient le crochet sur la nuque de la victime et tiraient le cadavre

1. Utilisé dans les chambres à gaz, le Zyklon B était un pesticide de la firme Degesch, puis de l'IG-Farben. Ses cristaux dégageaient un gaz mortel.

vers le crématorium, indiqué par un D ici, sur le schéma. Il y avait quatre fours d'une contenance de quatre corps chacun. Les grandes portes de fer s'ouvraient, le chariot sortait, on balançait dessus les cadavres, repoussait le chariot et refermait les portes derrière. Après, au bout d'un quart d'heure, tout était terminé. Ainsi avec ses quatre fours, un crématorium pouvait traiter un sacré nombre de victimes. Mais parfois ça n'allait encore pas assez vite. Là aussi, la SS avait une solution. Derrière le crématorium, on avait creusé deux grands fossés, comme vous voyez ici : trente mètres de long, six de large et trois de profondeur. Au fond, on plaçait de grands troncs d'arbres qu'on aspergeait d'essence. Ça produisait un feu énorme, visible à des kilomètres. Dans un fossé pareil, on pouvait caser mille cadavres. Après les vingt-quatre heures que durait leur combustion, on pouvait y larguer une nouvelle fournée. Rien n'avait été laissé au hasard. Ainsi, il y avait un système de vidange : une rigole aménagée entre les fossés et un petit ravin, à quelques dizaines de mètres de là. La matière en combustion coulait par cette rigole dans le ravin. Je vous jure que j'ai vu de mes propres yeux un homme qui travaillait près de ce bûcher descendre dans la rigole et tremper son pain dans la graisse humaine fondue qui coulait là. Faut vraiment avoir faim.

« Le 5 juin 1944 arriva un convoi spécial d'enfants hongrois. Comme souvent dans les périodes où de grands convois se succédaient, ces messieurs de la SS n'avaient même pas la patience d'attendre cinq minutes que le gaz ait fait son effet. Nous avons donc été obligés de jeter dans la fosse des enfants à moitié vivants. Un Grec, Lotsi Mordechai, ne l'a pas supporté et a sauté dans la fosse. Beaucoup d'autres que lui en avaient alors plus qu'assez. Alexander Hereirra, un Grec aussi, un gaillard bâti comme un athlète, a décidé avec trois Polonais et six Russes de détruire les crématoires 3 et 4. Quelques jours après le suicide de Lotsi Mordechai, il a abattu un sergent SS d'un coup de pelle. Et le projet a foiré. Hereirra a été tué, et son corps exposé le soir à l'heure de l'appel au Lager D, où se trouvaient les commandos préposés à l'extermination. Et le crématoire 3 n'a pas survécu bien longtemps. Le 2 octobre 1944, une rébellion éclatait.

« C'était un complot auquel devaient participer les 243 détenus du Sonderkommando, Grecs et autres. Ils avaient réussi à s'emparer à l'Union-Werke[1] d'une mitrailleuse et de deux mille cartouches. De l'essence, ils en avaient en abondance. Ils se sont jetés sur les SS et les ont abattus. Le crématoire a été allumé, les sentinelles à la grille ont été tuées. Hélas, des centaines d'hommes, paniquant au dernier moment, renoncèrent. En dix minutes, tous les SS de Birkenau étaient mobilisés. Les SS d'Auschwitz arrivèrent en renfort et les nôtres, qui avaient déjà franchi la clôture, se retrouvèrent encerclés ! Vingt-cinq furent exécutés sur-le-champ et les autres, brûlés le lendemain avec vingt hommes appartenant

1. Située dans le camp de Birkenau, l'usine Weichsel-Union-Werke produisait des munitions. (Note de l'éditeur.)

à différents commandos qui travaillaient aux environs des crématoires. Les Polonais ont révélé les noms des organisateurs. Je suis fier qu'ils aient tous été grecs, cinq héros : Baruch, Burdo, Carasso, Ardite et Jachon.

« Le 24 octobre se tinrent les dernières "Kommissionen", et le 12 décembre débuta la démolition des crématoires. Vingt-cinq détenus du Sonderkommando, Grecs, Polonais et Hongrois, furent désignés pour travailler à leur démantèlement. J'en étais. De tous ceux qui avaient habité au Lager D, il ne restait personne. Nous étions les derniers de tout le camp, c'est pourquoi on nous a oubliés lors de l'évacuation et c'est pourquoi aussi je suis aujourd'hui en mesure de vous raconter ceci.

– Comment pourra-t-on un jour leur faire payer tout ça ? remarqua quelqu'un d'autre après un long silence.

– On ne le pourra jamais, jugea Hans. La seule chose qu'on puisse faire, c'est exterminer l'engeance SS.

– Parce que tu crois que la SS ou plutôt le parti sont les seuls responsables ? demanda Kabeli. Que le reste du peuple n'est composé que d'anges ?

– Sûrement pas, admit Hans. Le peuple allemand, dans son entier, est responsable. Maintenant qu'ils perdent la guerre, ils vont renier leurs chefs. Mais s'ils l'avaient gagnée, personne n'aurait demandé des comptes au Führer sur les moyens employés ni cherché à savoir ce qu'il était advenu des communistes et des Juifs.

– Faut-il alors gazer tout le peuple allemand pour le punir ?

– Certainement pas, monsieur, seulement ceux qui appartenaient à la SS, la Gestapo et cætera, il faudra les exterminer pour les empêcher de relever la tête un jour. Le reste du peuple allemand devra être mis sous tutelle jusqu'à l'émergence d'une nouvelle génération qui aura été élevée de manière humaniste et soustraite à l'influence militariste des junkers et du grand capital. Alors, dans de nombreuses années peut-être, un peuple socialiste allemand pourra vivre par lui-même. »

Le lendemain matin, plusieurs balles percutèrent les murs des baraquements. C'était un mystère, pas un soldat n'était en vue. Hans était en train de donner un coup de main à l'Ambulanz du Block 21 à l'angle sud du camp, près de la Sola.

Un impact énorme, le plâtras tomba du plafond et plusieurs carreaux volèrent en éclats. Hans jeta un œil au dehors. La rivière coulait en torrent, gonflée par le dégel. Et là, entre les plaques de glace flottantes, surnageaient des poutres et des planches, les vestiges du pont.

« Le pont a été dynamité. »

Ils comprirent que tout était terminé. Les Allemands essayaient de ralentir l'avancée des Russes, mais le gros de leurs troupes devait avoir déjà parcouru de nombreux kilomètres.

Les anciens détenus du camp étaient hors de danger. Ils l'ignoraient encore, mais ils étaient depuis la veille en plein no man's land. Quelques heures plus tard, les premiers Russes arrivèrent. Dans leurs tenues blanches de camouflage, ils avançaient tranquillement, impassibles. Ils marchaient au milieu de la route, comme si les Allemands n'existaient pas. Apercevant les prisonniers dans leurs costumes rayés, ils sourirent sans un mot. Ils pensaient sûrement à leurs parents assassinés par les Boches, à leurs femmes violées, à leur pays en ruine. Et les prisonniers, eux, pensaient à leurs femmes et enfants, à tous ceux qu'ils ne reverraient plus.

Il y eut de longues poignées de mains reconnaissantes, mais pas un cri de joie ne sortit des gorgées nouées par l'émotion.

Désormais, tout était différent. Désormais, le rêve était devenu réalité. À plusieurs endroits, les fils de clôture avaient été sectionnés, des pylônes avaient été brisés, une pagaille de chevaux, charrettes et camions allait et venait librement par ces trouées. Le temps était splendide, le soleil avait déjà une force nouvelle, partout la neige ruisselait des toits. À croire que la nature voulait apporter sa contribution à la promesse de vie nouvelle. Hans ne supportait plus le camp. Une tension intérieure le poussait à s'envoler, comme un oiseau dont on viendrait d'ouvrir la cage.

Il partit en direction de Rajsko. Le rugissement des canons s'estompait ; seul s'entendait encore au loin le tumulte de la guerre, là où les Allemands tentaient de reconstituer un front. Il arriva bientôt à *No pasarán*.

Il eut un choc en voyant l'état du village, la petite maison détruite en partie par un obus. Tout à côté gisaient deux tanks allemands, dont un complètement carbonisé. Sûrement ceux responsables de ces ravages.

Hans entra dans *No pasarán*. Personne. La salle de séjour était intacte, mais la cuisine sens dessus dessous. Il y trouva les débris du saxophone. Il ne put s'empêcher de sourire. Que signifiait désormais une perte matérielle ?

Pourtant, il se sentait nerveux. Quelque chose le poussait à se remettre en route, à aller toujours plus loin, vers un but inconnu. Ou peut-être à marcher jusqu'au moment où, vaincu par la fatigue, il se coucherait au bord du chemin. Et tout serait fini.

C'est ainsi qu'il marcha à travers les champs enneigés. La couche de neige était mince et, çà et là, il s'enfonçait dans une fondrière. Ses pieds étaient mouillés et, malgré la chaleur du soleil, il se sentait glacé et anxieux.

Soudain, il se trouva au pied d'une tour. Il ne savait pas comment il avait atterri là. Il ne l'avait nullement cherché, il avait erré sans plan, sans but, à travers champs. Le bois des poteaux était humide et, çà et là, encore recouvert de neige. Prudemment, il grimpa.

La tour se composait de trois plates-formes. Quand il arriva à la première, il regarda vers le bas. Il éprouva une sensation, très désagréable, de vertige. Il sentit que ce « quelque chose » le poussait à nouveau. Non pas à aller plus loin, très loin, jusqu'à ce que la fatigue ait raison de ses forces, mais vers le bas. Il suffirait d'un faux pas et il serait allongé là, broyé, et délivré du chagrin qui l'étreignait. Avec elle. Celle qui occupait toutes ses pensées.

Mais il se força à monter encore. Il ne devait pas, n'avait pas le droit de céder à cette impulsion. Il ne s'agissait pas de fuir mais de se battre. Toujours se battre. « Seuls nous ne sommes rien... », avait-il un jour écrit. Mais c'était de la poésie, or la vie continuait. Le sang qui coulait dans ses veines le poussait à avancer, et ses jambes ne se déroberaient plus s'il cherchait à monter encore. Aussi continua-t-il. D'abord un peu hésitant, puis déterminé, marche après marche.

Au-dessus de la dernière marche, il y avait une trappe. Il l'ouvrit et déboucha sur la plate-forme supérieure. Il éprouva un sentiment de victoire. De victoire sur la mort. Maintenant, il surplombait les arbres et les maisons des environs. C'était comme s'il humait le printemps dans la douce brise qui lui caressait le crâne.

Le camp n'était pas loin. D'ici, il distinguait les pans de mur blanc qui avaient été abattus. Se trouver aussi haut et contempler de là ce camp auquel il n'aurait jamais dû échapper lui procura à nouveau ce sentiment de victoire.

Un peu plus vers la gauche s'étendait Birkenau. Un camp immense. Même vu d'ici, où le monde entier était à ses pieds, où son regard semblait pouvoir porter infiniment loin, Birkenau avait l'air immense. Et avait été immense. Là s'était accomplie une œuvre d'une immensité démoniaque. Là avaient été assassinés plus d'êtres humains que jamais en aucun autre endroit au monde. Là avait régné un système d'extermination d'une perfection inégalée. Pas complètement parfait pourtant. Sinon Hans ne se tiendrait pas ici, il ne serait plus en vie. D'ailleurs, pourquoi vivait-il ? Qu'est-ce qui lui donnait, à lui, le droit de vivre ? En quoi était-il meilleur que ces millions d'êtres qui avaient succombé ?

Ne pas avoir partagé leur sort lui parut soudain d'une vilenie insondable. Mais il se souvint des paroles de la jeune fille qu'ils avaient recueillie à *No pasarán* : « Je dois continuer, vivre pour raconter, pour en parler à tout le monde, pour convaincre les gens que ça s'est vraiment passé… »

Son regard s'égara vers le sud. Dans le ciel clair du printemps naissant, les champs étaient encore enneigés. Mais là-bas, vers le sud, l'horizon n'allait pas à infini. Là-bas, son regard ne pouvait courir jusqu'à des lointains inconnus, là-bas se trouvait un domaine où son regard ne pouvait pénétrer.

Du côté sud, l'horizon était fermé par les Beskides. C'est alors que réapparut la vision de Hans : Friedel. Il agrippa la balustrade, ses doigts cherchant à s'enfoncer plus dans son bois, comme les mains de Friedel un jour accrochées au grillage fermant les fenêtres du Block 10, quand ils contemplaient ensemble les champs lointains. Maintenant, ils étaient séparés.

Il était ici et elle, là où la vision découpait sa silhouette, comme si la forme à l'horizon n'était pas le contour des montagnes mais la ligne de son corps.

Le monde entier s'ouvrait devant lui, jamais il n'y accéderait seul, ce monde était pour lui à jamais inatteignable. Un jour, ils s'étaient tenus côte à côte, et le désir de leur cœur les avait attirés vers ces montagnes. Maintenant, elle était loin de lui, inatteignable comme ces montagnes.

Maintenant, il était seul.

Mais pas entièrement seul. Car il avait encore son image devant les yeux. Cette vision resterait en lui toujours vivante. Il y puiserait des forces pour accomplir la tâche qui lui incomberait dans sa vie future. Ainsi, Friedel existerait en lui, elle n'aurait pas vécu en vain, et son âme vivrait à travers lui, même si son corps reposait, là-bas, dans ces vagues et lointaines montagnes bleues.

Épilogue rédigé par la famille de Wind

La vie d'Eddy de Wind

Comment Eddy et Friedel ont-ils abouti à Westerbork ? Qu'est devenu Eddy après la libération d'Auschwitz par l'Armée rouge ? Et qu'en a-t-il été de Friedel ? Dans cet épilogue, nous répondrons à ces questions et à quelques autres que peuvent se poser les lecteurs de *Terminus Auschwitz*.

Nous savons peu de choses de la jeunesse d'Eddy. Il n'aimait pas en parler. Tout ce qu'il avait perdu, qui avait disparu, lui causait un chagrin qui le submergeait vite. Auschwitz était au centre de sa vie, l'événement autour duquel tout tournait : il y avait Auschwitz, avant Auschwitz et après Auschwitz.

Avant Auschwitz

Eliazar de Wind, surnommé Eddy, est né le 6 février 1916, rue Piet Hein à La Haye. Il est le fils unique d'une famille juive. Ses parents, Henriëtte Sanders et Louis de Wind, possèdent de florissants magasins de porcelaine. Comme ils sont très occupés, Eddy est en partie élevé par des gouvernantes. La famille n'est pas très stricte sur le plan religieux. Les parents ne sont pas croyants et se soucient peu des règles de vie juives. Le début de la vie d'Eddy, dans cette famille juive prospère et bien assimilée de la petite bourgeoisie néerlandaise, est somme toute agréable.

Eddy vient d'avoir trois ans quand son père Louis décède d'une tumeur au cerveau. Un malheur n'arrivant jamais seul, à la même période, Eddy renverse une bouilloire d'eau bouillante et se brûle grièvement. Il passera six mois à l'hôpital et gardera de grandes cicatrices sur le visage et la poitrine.

Sa mère se remarie avec Louis Van der Stam. Lui aussi meurt, en 1936, d'un infarctus. Eddy, alors âgé de vingt ans, étudie la médecine à l'université de Leiden. Henriëtte épouse en troisièmes noces Louis Zodij, qu'avec une certaine malice Eddy surnomme Louis III. D'une précédente union, cet homme a un fils de douze ans qui vient habiter avec eux. Il s'appelle Robert Jacques. La mère d'Eddy et son troisième époux seront déportés à Auschwitz, où ils seront tués tous les deux. Robert Jacques subira le même sort.

Étant donné les événements qu'ils ont traversés ensemble, Eddy a développé un lien très fort avec sa mère. La force de ce lien se révélera clairement en 1942, durant la guerre.

Eddy est intelligent et s'intéresse au monde qui l'entoure. Les malheurs de sa jeunesse ne l'empêchent heureusement pas de se créer une vie sociale réussie. Le soir, il retrouve fréquemment ses amis pour « refaire le monde ». Nietzsche, Freud, Marx et le communisme sont leurs sujets de discussion favoris. On le surnomme « *eitje* », c'est-à-dire « petit œuf », en raison de la forme de son visage.

Après le lycée, il entame des études de médecine à Leiden. Comme il l'expliquait, il a toujours voulu devenir médecin car, souffrant d'asthme dans son enfance, il aimait beaucoup que sa mère joue le docteur avec lui. Eddy est un bon étudiant et profite de la vie. Il a une petite amie, chrétienne. Le soir, il se produit régulièrement avec les Rhythm Rascals, un groupe de jazz au sein duquel il joue de la clarinette. Quant à ses jours de congé, il les passe de préférence sur son voilier.

Les parents d'Eddy, tous deux juifs, sont issus de familles nombreuses. Parmi ses proches parents, certains travaillent dans l'industrie diamantaire, mais la plupart sont de petits artisans indépendants qui travaillent dur. L'accès aux études supérieures étant encore plutôt rare, Eddy fait la fierté de tous.

Malgré la menace du nazisme qui plane de plus en plus sur les Pays-Bas depuis le début des années 1930, Eddy est promis à un avenir radieux. C'est pourquoi l'invasion allemande et l'occupation des Pays-Bas lui ont causé un choc terrible.

La guerre

Début 1941, l'occupant allemand oblige les universités néerlandaises à exclure tous les enseignants, étudiants et employés juifs. Avec l'aide de ses professeurs, Eddy termine donc ses études de manière accélérée. Il sera le dernier étudiant juif à obtenir son diplôme à Leiden. Il part pour Amsterdam afin de se former à la psychanalyste – ce qu'il fait dans la clandestinité, au domicile de ses professeurs. Il loge au Nieuwe Herengracht, en bordure d'un beau canal tranquille, à proximité du quartier juif. C'est ici, dans le centre d'Amsterdam, qu'habitent avant la Seconde Guerre mondiale la grande majorité des 80 000 Juifs de la ville.

De plus en plus, l'occupant pousse la communauté juive dans ses retranchements. Eddy s'inquiète, il est persuadé que les Allemands finiront par appliquer les théories formulées quelques années plus tôt par Hitler dans *Mein Kampf*. Sa première arrestation le prend pourtant par surprise. Les 22 et 23 février 1941, les Allemands procèdent à l'arrestation massive de 427 jeunes Juifs à Amsterdam. Eddy est parmi eux. Cette rafle, la première de la guerre, est effectuée en représailles à la mort d'Hendrik Koot, collaborateur notoire et membre du WA (le groupe paramilitaire nazi néerlandais), tombé au cours d'un affrontement avec des résistants juifs et non juifs. Eddy en parlera en 1981 dans un article publié dans le magazine *NRC Handelsblad* : « J'étais allé chercher mon vélo en ville. [...] Dans le quartier juif, j'ai été interpellé par un soldat allemand : "*Bist du Jude ?*" (Tu es juif ?) Pourquoi ai-je répondu "*Ja ?*" Si j'avais répondu : "*Mensch, du bist verrückt ! Ich, ein Jude ?!*" (Non, mais tu es fou ! Moi, un Juif ?!), j'aurais alors sauvé ma vie, au contraire je l'avais certainement gâchée. »

Il est conduit avec les autres sur une place entre deux synagogues, l'actuelle place Jonas Daniël Meijer. Ils restent accroupis là pendant des heures sous les coups des soldats allemands. Des camions les emmènent finalement jusqu'à la prison de Schoorl. À l'arrivée, les soldats leur demandent de courir devant eux et les frappent à nouveau, plus durement cette fois, avec la crosse de leurs fusils.

Pour Eddy, la peur est pire encore que les coups ; comme tous les autres, il n'a aucune idée de ce qui va leur arriver.

Les 427 hommes passent à la « sélection », et ceux qui sont trop malades ne font pas partie du convoi. Eddy voit là sa chance : comme plus tard à Auschwitz, il a ici l'avantage d'être médecin. Il connaît les symptômes de la tuberculose et sait, grâce à son asthme, comment faire semblant d'en être affecté. Avec douze autres garçons eux aussi « trop malades » pour le transport, il est relâché. À toute allure et en zigzag, de peur d'« être abattu dans sa fuite », il court vers sa liberté provisoire. Les 414 autres sont déportés à Mauthausen, un camp de travail, en Autriche. Seuls deux de ces 414 survivront à la guerre. Ceux qui ont été relâchés ne s'en tireront pas beaucoup mieux. À notre connaissance, sur les treize déclarés inaptes au transport, seul Eddy a survécu à la guerre.

Cette première rafle donne lieu à ce qu'on appellera plus tard la « grève de février ». De nombreux habitants d'Amsterdam n'acceptent pas le traitement infligé à « leurs » Juifs et, menés par le parti communiste, ils cessent le travail. C'est là un acte de courage inouï. Hélas, comme il fallait s'y attendre, la grève est réprimée dans le sang.

Lors de la commémoration annuelle de la grève de février, on ne rappelle que les noms de deux survivants, Max Nebig et Gerrit Blom. Eddy n'est pas mentionné. Sans doute parce qu'il ne comptait pas parmi les 414 hommes déportés à Mauthausen. Quoi qu'il en soit, ce fait l'a toujours étonné.

Après avoir été relâché de Schoorl, Eddy essaie tant bien que mal de reprendre le cours de sa vie. En 1942, sa situation devenant vraiment trop compliquée à Amsterdam, il part se cacher chez des amis de sa mère à La Haye. Mais il supporte difficilement de rester enfermé toute la journée. Son hôte trouve une solution pour lui : fuir en Suisse. Eddy se met en route, en compagnie de son amie, devenue entre-temps sa fiancée. Malheureusement dès la première étape, à Anvers, les choses tournent mal : ils ne trouvent pas la maison où ils sont attendus, vraisemblablement à cause d'une faute de transcription dans l'adresse. Après l'avoir vainement cherchée pendant plusieurs jours, ils rentrent bredouille aux Pays-Bas.

C'est ce que racontera Eddy plus tard. Il est possible pourtant qu'il ait volontairement saboté sa tentative de fuite. Le lien fort et profond qui l'unissait à sa mère l'ayant finalement empêché de l'abandonner. Peu après son retour se produit un événement qui étaye cette hypothèse.

Sa mère est arrêtée et conduite au camp de Westerbork. Le Conseil juif, qui sert d'intermédiaire entre l'occupant nazi et les Juifs néerlandais, cherche alors des médecins juifs disposés à travailler bénévolement à Westerbork. En échange de leurs services, ils sont assurés de ne pas être « déportés » dans un autre camp hors du pays et même de pouvoir rentrer chez eux en « hommes libres » un week-end sur deux. Eddy se porte volontaire à condition que sa mère reste elle aussi à Westerbork et ne puisse donc pas, elle non plus, être envoyée dans un autre camp. La promesse se révélera sans valeur. Quand il arrive quelques jours plus tard à Westerbork, sa mère a déjà été déportée à Auschwitz.

Westerbork est un camp soigneusement entretenu, qui fonctionne bien grâce à son conseil composé principalement de Juifs. Les détenus sont convenablement nourris, et on y trouve toutes sortes d'installations, comme un hôpital et un théâtre. Mais ce sont finalement les nazis qui y font la loi. Et chaque semaine, un convoi part : chaque fois, un millier de Juifs sont embarqués dans des trains de marchandises en partance vers l'Est. Pratiquement tous vers cette destination dont chacun craint qu'elle ne soit la dernière : Auschwitz.

Eddy est un des principaux médecins du petit hôpital de Westerbork. Il travaille dur et une des tâches qui lui incombent est particulièrement pénible : « examiner » les prisonniers sélectionnés pour le convoi hebdomadaire. Les plus malades ne partent pas. Chaque fois, des prisonniers le supplient de déclarer malades des membres de leur famille ou des amis inscrits sur la liste. Mais les médecins doivent être très prudents car leur travail et leurs décisions sont régulièrement contrôlés par les Allemands. Cette tâche terrible tourmentera Eddy longtemps après la fin de la guerre. Et longtemps après la fin de la guerre, certains lui reprocheront de ne pas avoir déclaré inapte au transport un membre de leur famille, le condamnant ainsi à une mort certaine.

À l'hôpital, Eddy a pour collaboratrice une infirmière de dix-huit ans, Friedel – Frieda – Komornik. Originaire d'Allemagne, elle a atterri au camp de Westerbork après une longue fuite. Eddy et Friedel tombent amoureux. Il rompt ses fiançailles.

Pour pouvoir être ensemble, il leur faut se marier. Cela aussi, c'est possible à Westerbork, et le maire du camp les unit. Des mois durant, ils habitent un recoin qui n'est séparé de la salle des malades que par du carton : pas vraiment une situation idéale pour un jeune couple. Mais ils s'aiment et sont heureux. Jusqu'à ce que le destin les frappe eux aussi. Malgré les accords qu'a passés Eddy avec le Conseil juif, Friedel et lui quittent Westerbork le 14 septembre 1943 avec le convoi à destination d'Auschwitz.

Auschwitz

C'est immédiatement après le départ des Allemands d'Auschwitz qu'Eddy entreprend de raconter son expérience dans un cahier. C'est ce récit qui est repris dans le présent livre. Il lui arrivera de temps à autres d'en dire un peu plus à sa femme et à ses enfants. Il ressent la culpabilité commune à tous les survivants : pourquoi ai-je survécu ? Pourquoi moi et pas les autres ? En plus de sa chance miraculeuse, c'est son amour pour Friedel et le désir qu'il éprouvait pour elle qui lui ont permis de tenir le coup.

La force de *Terminus Auschwitz* réside principalement dans le fait que le texte a été écrit pendant la guerre et dans l'enceinte même du camp. Qu'il n'a pas été adapté, ni altéré par des souvenirs ultérieurs ou des éléments révélés après la guerre.

Souvent, il décrit des situations ambiguës. Le récit d'un moment où Friedel va très mal en est un exemple frappant. Il parle d'elle au Lagerartz, lui demandant de sauver la vie de sa femme – ce qui semble grotesque en ce lieu dont l'objectif est précisément d'exterminer ceux qui y débarquent en tant que prisonniers. Il est par ailleurs surprenant que le Lagerartz donne une suite favorable à sa requête. Surtout quand on sait qu'il s'agissait de Josef Mengele. À l'époque, ce nom ne signifiait rien encore, Eddy ne jugera donc pas nécessaire de le mentionner. Cet homme est pourtant aujourd'hui considéré comme un des plus grands criminels de guerre de l'Histoire. Cette pensée est d'autant plus troublante qu'elle nous fait prendre conscience que les bourreaux d'Auschwitz n'étaient pas des « bêtes » ou des créatures d'une autre planète mais des gens ordinaires capables de décisions « humaines ».

Cette histoire fait-elle de Mengele un être moins malfaisant ? Eddy répond lui-même à cette question dans une conversation avec Friedel à propos du fait que parfois, de manière incompréhensible et incohérente, certains SS plus âgés prenaient des décisions charitables. « Je ne crois pas que cela plaide en leur faveur, estimait Hans. Au contraire, les plus jeunes ont grandi dans l'esprit du sang et du sol, ils ne connaissent rien d'autre. Mais eux, ces hommes plus mûrs, comme ce Lagerartz, prouvent par ces petits actes que se cachent encore en eux des résidus de leur ancienne éducation. Ils ont été élevés différemment et auraient pu rester des êtres humains. C'est pourquoi ils sont plus coupables que le jeune bétail nazi qui n'a jamais rien connu d'autre. »

En d'autres termes, le comportement de Mengele à Auschwitz est d'autant plus répréhensible qu'il montre, par certains de ses actes, qu'il sait faire la différence entre ce qui est humain et ce qui ne l'est pas.

Le livre se termine à la libération d'Auschwitz en janvier 1945. Dans une postface destinée à la réédition de l'ouvrage en néerlandais en 1980, Eddy décrit ce qui s'est passé ensuite.

« Quand les SS eurent emmené la grande majorité des prisonniers dans les marches de la mort vers des camps au fin fond de l'Allemagne, ne restèrent à Auschwitz que les quelques milliers de malades qui se trouvaient à l'hôpital. Quelques jours après l'entrée des premiers Russes au camp arriva une femme médecin-major qui me demanda de rester jusqu'à ce que les derniers malades hollandais puissent être transportés en Russie (s'ils n'étaient pas morts avant), et plus tard en Hollande. Pendant trois mois, j'ai pratiqué toutes sortes d'interventions chirurgicales compliquées, des amputations et de petites opérations qui allaient bien au-delà de mes compétences. J'avais des journées bien remplies, je mangeais en abondance des conserves américaines de haricots au poulet. De plus, j'avais trouvé au Canada (le lieu où étaient entreposés tous les biens des Juifs) un manteau de fourrure, que j'ai revendu sur un petit marché. [...] Grâce à cela, j'ai pu m'acheter au cours de mes cinq derniers mois à Auschwitz et en Russie quantité d'œufs et de crème, si bien qu'à mon arrivée en Hollande en juin, j'étais en bonne forme physique. Quant à mon état psychique, je ne sais plus ce qu'il était. La reconstitution d'événements remontant si loin dans le passé est une affaire hasardeuse. [...] Ce dont je me souviens clairement, c'est comment, peu après l'entrée des Russes, nous dansions à tour de rôle près du portail sur un grand portrait d'Hitler déniché dans un bâtiment administratif. Je ne sais pas ce que je ressentais. Je trouvais certainement ridicule cette manière de soulager ma haine. [...] En tout cas, il est sûr que je ressentais de manière impérieuse le devoir de faire savoir à tout le monde ce qui s'est passé ici. Si je consigne ça maintenant et que tout le monde l'apprend, ça ne pourra plus jamais se reproduire. En même temps, pour moi-même, je voulais tirer un trait sur tout cela, comme si je pouvais me libérer de ce qui me hantait en le projetant à l'extérieur – sur le papier. Une illusion. Je me suis procuré un très gros cahier – je l'ai encore – où chaque jour, sur le bord de mon lit dans l'ancienne chambrée des Polonais, j'ai écrit en tout petits caractères un récit sans fin. Personne ne peut mettre en doute les faits et situations que j'ai décrits, contrairement à ceux relatés dans d'autres livres et scénarios télévisés, auxquels des critiques peuvent reprocher d'être tirés de souvenirs altérés par le temps. »

Une fois Auschwitz libéré, il faut attendre encore plusieurs mois pour que la guerre se termine aux Pays-Bas. Eddy s'engage dans l'armée russe. Il reste à Auschwitz pour soigner les malades et part ensuite pour les lignes arrière du front pour s'occuper des soldats blessés. Pendant tout ce temps, il ignore totalement si Friedel est toujours en vie. Initialement, il est convaincu qu'elle est morte, qu'elle a succombé pendant la marche de la mort qui l'a séparée de lui. Il n'a aucun moyen de savoir si c'est le cas ou pas. Mais quand les récits sur ces marches filtrent en Europe de l'Est, il entend parler de survivants et reprend espoir. Le 23 mai, juste après la libération des Pays-Bas, il envoie de Czernowitz, en Ukraine – qui faisait alors partie de l'Union soviétique –, un courrier à la Croix-Rouge des Pays-Bas. Il y joint une lettre adressée à Friedel, dans l'espoir qu'elle est vivante et que la Croix-Rouge réussira à la trouver. C'est une lettre emplie de désir et d'incertitude.

Quand les Pays-Bas sont enfin libérés, il veut rentrer au plus vite. Il entame alors un long périple à travers l'Europe de l'Est et la Méditerranée. Il avait quitté les Pays-Bas dans un wagon de marchandises, il y retourne dans un train de passagers. Passé par Marseille et l'Allemagne, il atteint la frontière néerlandaise le 24 juillet 1945. Arrêté à Enschede sans papiers, il est interrogé par un délégué de la Croix-Rouge. Après avoir décliné son nom et autres informations personnelles, il cite les endroits par lesquels il est passé. Et c'est alors que se produit le miracle. Le délégué de la Croix-Rouge l'interrompt et lui dit que, récemment, une Mme de Wind est revenue d'Auschwitz ; elle se trouve dans un hôpital tout proche. Le jour de son retour aux Pays-Bas, Eddy retrouve Friedel.

Après Auschwitz

Friedel et Eddy sont sortis de la guerre très abîmés. Eddy surtout psychiquement, Friedel physiquement aussi : elle est devenue stérile et sera malade des années. Presque toute leur famille et leurs amis ont été assassinés, il n'y a donc pas de chez-soi où rentrer. Leur pays natal est tellement préoccupé par la reconstruction que leur récit suscite peu d'intérêt.

Courageusement, ils continuent à vivre. Il vend les maigres biens de famille qui ont échappé à la guerre, et ils se font construire une maison en périphérie d'Amsterdam. Eddy poursuit sa formation de psychanalyste et ouvre un cabinet. Auschwitz imprègne tout ce qu'il fait : en tant que psychanalyste, il se spécialise dans le traitement des personnes présentant des névroses traumatiques de guerre. Dès 1949, il publie un ouvrage de référence sur le sujet,

Confrontatie met de dood (Confrontation avec la mort), où est décrit pour la première fois le syndrome des camps de concentration.

Mais finalement, la souffrance partagée et la douleur du traumatisme se révèlent plus fortes que leur couple. En 1957, douze ans après Auschwitz, Eddy et Friedel se séparent.

C'est lors d'un cours de dessin qu'Eddy rencontre sa seconde épouse – une femme qui a un tout autre passé. Originaire d'Amsterdam, elle est beaucoup plus jeune que lui et n'est pas juive. Ils auront trois enfants.

Eddy est énergique et travaille dur, mais il est fréquemment rattrapé par les traumatismes dont il ne se libère pas. Il est traité à diverses reprises, notamment à la clinique du célèbre professeur de psychiatrie Jan Bastiaans, spécialiste des traumatismes de guerre. C'est ainsi que, pour tenter d'apprivoiser son passé traumatique, Eddy se soumet à un traitement expérimental utilisant des substances psychédéliques.

La douleur et le chagrin surgissent parfois de là où on ne les attend pas. Certains reprocheront à Eddy d'avoir divorcé d'une femme qu'il avait connue au camp et avec qui il avait traversé tant d'épreuves. De plus, une partie de la communauté juive considérera comme une trahison qu'il ait épousé une non-Juive. Chaque année, Eddy se rend à la séance commémorative du Comité néerlandais d'Auschwitz. Et si, pour une grande partie des personnes présentes, il est un héros qui consacre sa vie à aider les victimes de guerre, certains lui tournent le dos en raison de cette « trahison ».

Eddy publie régulièrement des livres consacrés aux séquelles de la guerre et est souvent sollicité pour des congrès internationaux sur ce thème. Il rencontre autant de succès dans sa deuxième spécialité, la sexologie. Il est par exemple à l'origine de la première clinique d'avortement aux Pays-Bas et a publié, en 1969, un ouvrage présentant les différentes préférences sexuelles, *Variatie of Perversie* (*Variation ou Perversion*).

Au cours des dernières années de sa vie, Eddy comprend de plus en plus clairement que les traumatismes ne cessent pas avec la mort des personnes traumatisées, mais qu'ils sont transmis par les « *survivors* » à leur descendance. Il crée une fondation consacrée à la recherche et à la collecte de connaissances sur ce sujet, la Stichting Onderzoek Psychische Oorlogsgevolgen (SOPO). Un projet ambitieux auquel il réussit à rallier de nombreux spécialistes internationaux.

En 1984, trois ans avant son décès, il est nommé officier de l'ordre d'Orange-Nassau. Cette distinction royale signifie pour lui plus qu'une simple reconnaissance de son travail : c'est la reconnaissance officielle qu'il n'a pas survécu pour rien.

C'est dans les locaux de sa fondation qu'il est frappé d'un infarctus. S'ensuivra une période difficile durant laquelle il s'affaiblira de jour en jour. La confrontation avec sa mort imminente le ramène à Auschwitz et il est la proie de terribles peurs et angoisses. Après un mois de souffrances, son cœur abîmé finit par lâcher. Il meurt le 27 septembre 1987, à l'âge de soixante-dix ans.

Note concernant cette édition

À son retour aux Pays-Bas, Eddy se rend compte que la plupart des gens sont tellement contents que la guerre soit finie qu'ils n'ont pas du tout envie de lire des récits se rapportant aux camps de concentration. La reconstruction est prioritaire. Il décide néanmoins de faire ce qu'il avait prévu et son témoignage est publié peu après la guerre. Le texte néerlandais qu'il a rédigé en quelques semaines à Auschwitz sur le bord de son châlit est reproduit quasiment mot pour mot et, début 1946, *Eindstation Auschwitz* paraît aux éditions communistes De Republiek der Letteren. Hélas, cette « République des Lettres » fait faillite peu après la publication. Le livre n'est bientôt plus disponible en librairie et tombe dans l'oubli.

Absorbé par la reconstruction de sa propre vie, Eddy décide d'abandonner provisoirement ce projet. Ce n'est qu'en 1980 qu'il fait une nouvelle tentative et qu'une réédition intégrale est publiée chez Van Gennep. S'il veut se faire rééditer, c'est parce qu'il craint le retour de ce qu'il avait espéré ne plus jamais revivre : la montée de l'intolérance et de la violence politique, même en Occident.

Plus qu'un témoignage historique où il réglait ses comptes avec le passé, il considérait son livre comme un récit à la portée universelle montrant comment, dans les circonstances les plus inhumaines, des personnes continuent à se soutenir, s'aimer et conserver une certaine liberté de caractère, un récit prouvant aussi que l'intolérance et les sentiments de supériorité peuvent, dans des cas extrêmes, conduire à des actes invraisemblables.

Lorsque, à leur tour, les éditions Van Gennep font faillite, le livre disparaît pour longtemps de la circulation. Ce qui ne signifie pas qu'Eddy n'y pense plus. Il reste convaincu de l'importance de transmettre ce qui s'est passé à Auschwitz. Jusqu'à sa mort, il travaillera à une traduction anglaise de son récit.

Qu'aujourd'hui, soixante-quinze ans après la libération d'Auschwitz, le manuscrit original, ce cahier dans lequel Eddy a relaté ces faits, soit exposé dans le monde entier et que le texte soit publié dans tant de pays est un hommage à tous ceux qui ont souffert de la terreur et de la violence politique. C'est aussi et surtout l'accomplissement du souhait qu'Eddy formule à la fin de son récit : « Je dois continuer, vivre pour raconter, pour en parler à tous, pour convaincre les gens que ceci était vrai... »

Cet épilogue reprend une partie de la postface qu'Eddy de Wind rédigea pour la réédition néerlandaise de l'ouvrage en 1980. Nous avons également utilisé diverses sources, notamment des textes du cahier d'Eddy de Wind qui ne figurent pas dans le livre imprimé, des archives de la Croix-Rouge et du Staatsmuseum Auschwitz-Birkenau, ainsi que l'article d'Eddy paru dans le *NRC Handelsblad* du 14 février 1981.

Amsterdam, juin 2019.

GLOSSAIRE

Alte Kamp-Insass/Alter Häftling : ancien détenu du camp.

Arbeitskommando : commando de travail d'un groupe de détenus, commandé par un SS secondé par des kapos.

Arbeitslager : camp de travail.

Aufseherin : surveillante SS.

Aussenkommando : commando extérieur de travail ; équipe de prisonniers travaillant à l'extérieur du camp mais y retournant chaque jour.

Austreten : rompre les rangs, sortir du rang, aller faire ses besoins.

Bademeister : « préposé » aux bains, aux douches.

Bauhofkommando : commando de construction, de maçonnerie, de débardage.

Bekleidungskammer : dépôt de vêtements.

Berufsverbrecher (BV) : criminel « professionnel » ou de droit commun, récidiviste ; il porte le triangle vert.

Bibelforscher : Témoin de Jéhovah. Secte refusant le service militaire et considérant Hitler comme l'incarnation de la Bête de l'Apocalypse. Les membres de cette secte furent internés dans les camps à partir de 1939 ; ils portent un triangle violet.

Block : baraquement, baraque de détenus.

Blockältester : « doyen » du Block, chef de baraque, le plus souvent un criminel (triangle vert).

Blockartz : médecin du Block.

Blockführer : fonction du SS chargé d'un Block, le détenu Blockältester ou la détenue Blockowa sont responsables devant lui.

Blockführerstube : bureau, salon du chef de Block SS.

Blockowa : dans les camps de femmes, la forme polonaise désignant la fonction de Blockälteste (détenue chef de Block).

Blockschonung : corvée d'entretien de la baraque.

Bunker : prison du camp avec ses cachots et chambres de torture.

Canada : baraques où sont déposés les bagages confisqués aux arrivants ; ces bagages sont triés avant d'être récupérés et de servir à toutes sortes de trafics (*organisieren*) ; synonyme d'*Effektenkammer*.

Cage : châlit, bat-flanc, lit à trois étages avec grabat pour deux ou trois personnes, sur des paillasses remplies de copeaux de bois.

Effektenkammer : magasin des “effets”, pièce où sont rassemblés les vêtements et objets confisqués aux détenus qui arrivent dans le camp. Vois aussi *Canada*.

Frauenkonzentrationslager : camp de concentration de femmes.

Häftling : prisonnier détenu dans un camp.

Häftlingskrankenbau (HBK) : hôpital des détenus.

Holzschuhen : « chaussures en bois », de grossières semelles de bois garnies d'une tige en tissu. (La tige est la partie supérieure de la chaussure.)

Invalidentransport : en langage codé nazi : transport d'invalides ; en réalité, camion de gazage.

Kapo : abréviation de « KAmaraden POlizei », détenu responsable d'un commando de travail.

Kesselkommando : commando chargé du transport des marmites de nourriture.

Kommando : équipe de travail, détachement de détenus répartis dans des commandos de travail.

Kommandoführer : chef de commando.

Konzentrationslager : KL ou KZ, camp de concentration.

Krankenbau : infirmerie, hôpital.

Krematorium : four crématoire ; désigne souvent l'ensemble chambre à gaz et four crématoire.

Krautenkommando : commando des plantes médicinales.

Lager : camp.

Lagerältester : « doyen » du camp, chef du camp, détenu ayant la responsabilité de la gestion interne du camp.

Lagerartz : médecin-chef SS du camp.

Lagerführer : officier subalterne ou sous-officier SS exerçant la fonction de chef de camp.

Lagerkommandant : officier supérieur commandant l'ensemble d'un camp.

Lagerfriseur : coiffeur du camp.

Lagerstrasse : allée principale du camp.

Latrines : toilettes collectives pour déportés dans un Block.

Musulman : par dérision, désigne le prisonnier à bout de force, épuisé par le travail et montrant les premiers signes d'affaiblissement aggravé.

Oberscharführer (Oscha) : sous-officier SS, chef de peloton principal.

Obersturmführer : lieutenant SS.

Organisieren : « organiser », combiner, trafiquer pour se procurer quelque chose, pratiquer le système D, chaparder, voler. On parlait ainsi des « organisateurs ».

Pfleger : infirmier, aide-soignant, agent hospitalier.

Prominent : privilégié, « notable », personnage important (chef de Block, chef de chambrée, kapo).

Puff : bordel.

Quarantaine : période d'« apprentissage », dans des baraques spéciales, imposée aux détenus à leur arrivée dans les camps afin de les briser psychologiquement.

Rapportführer : SS responsable du contrôle des effectifs.

Revier : infirmerie, hôpital ou quartier tenant lieu d'espace de santé (*Krankenbau, Lazarett, Sanitätlager*) ; les détenus parlent de « quartier » à éviter par crainte d'une sélection.

Rollkommando : commando de déchargement des wagons.

Rottenführer (Rttf) : chef d'équipe (grade inférieur dans la SS et la SA).

Sanitäter des Gesundheitsamts (SDG) : officier du département de la Santé.

Sanitätslager : camp médical.

Scheissmeister : « préposé » aux latrines.

Schreiber : (détenu) secrétaire.

Schutzhäftling : détenu de « protection ». (Terme dérivé de *Schutzhaft* : internement administratif, détention de « protection » contre la colère du peuple.)

Schutzstaffel (SS) : « troupe de protection » ; à l'origine troupe de choc et simple filiale de la SA, la SS se transforme en un organisme complexe comportant une troupe armée (qui devient la Waffen SS), les unités à tête de mort qui fournissent les gardiens des KL, une police de renseignement, des organismes qui gèrent et exploitent les KL, des instituts de recherche et organismes divers.

Sonderdienst : service spécial.

Sonderkommando : « commando spécial » chargé d'enlever les corps des chambres à gaz et de les incinérer dans les fours crématoires ; il est composé essentiellement de Juifs. Les membres de ce commando sont régulièrement éliminés par les SS pour être remplacés par du « sang neuf ».

SS-Schulungslager : camp d'entraînement SS.

Standgericht : cour martiale, conseil de guerre.

Standortartz : médecin local.

Standortverwaltung : bureau administratif de garnison, de gestion du site, antenne administrative.

Stehbunker : cachot à station debout situé dans la prison du Block 11 d'Auschwitz I ; cellule très étroite, sans air ni lumière, où les détenus ne peuvent que se tenir debout.

Strafkommando : commando disciplinaire, compagnie punitive.

Strassenbaukommando (parfois contracté en *Strassenbau*) : commando de terrassement.

Stube : pièce d'un Block, chambrée.

Stubenältester : détenu chef ou « doyen » de chambrée d'un Block.

Stubendienst : prisonnier chargé de l'entretien de la chambre, responsable de l'ordre dans la chambrée d'un Block, aide, préposé au chef de Block.

Sturmabteilung (SA) : « section d'assaut » ; milice privée créée en novembre 1921 regroupant les hommes de main du NSDAP (Parti national-socialiste des travailleurs allemands), porteurs d'un uniforme brun et dont, à l'origine, la SS n'est qu'une branche.

Sturmmann : grade de la *Schutzstaffel* (voir ce mot), équivalent du caporal.

Tarnkappe : cape de camouflage ; désigne le langage codé nazi (*Tarnsprache*) servant à camoufler les opérations d'extermination de masse. Ainsi, les termes *Endlösung* (« solution finale »), qui désignait la destruction de tous les Juifs d'Europe, ou *Invalidentranspor* (voir ce mot).

Transport : convoi de déportés, transport ou transfèrement de détenus vers un camp de concentration ou d'extermination.

Überstellung : transfert.

Unterscharführer : sergent/sous-officier SS, souvent assigné à la position de *Blockführer* (surveillant des détenus) et responsable des *Sonderkommandos* (voir ce mot).

Wehrmacht : ensemble des forces armées de l'État.

Westerbork : camp de regroupement et de transit situé aux Pays-Bas.

Zigeunerlager : camp de familles de Tsiganes.

Zivilarbeiter : travailleur ou ouvrier civil.

Annexes

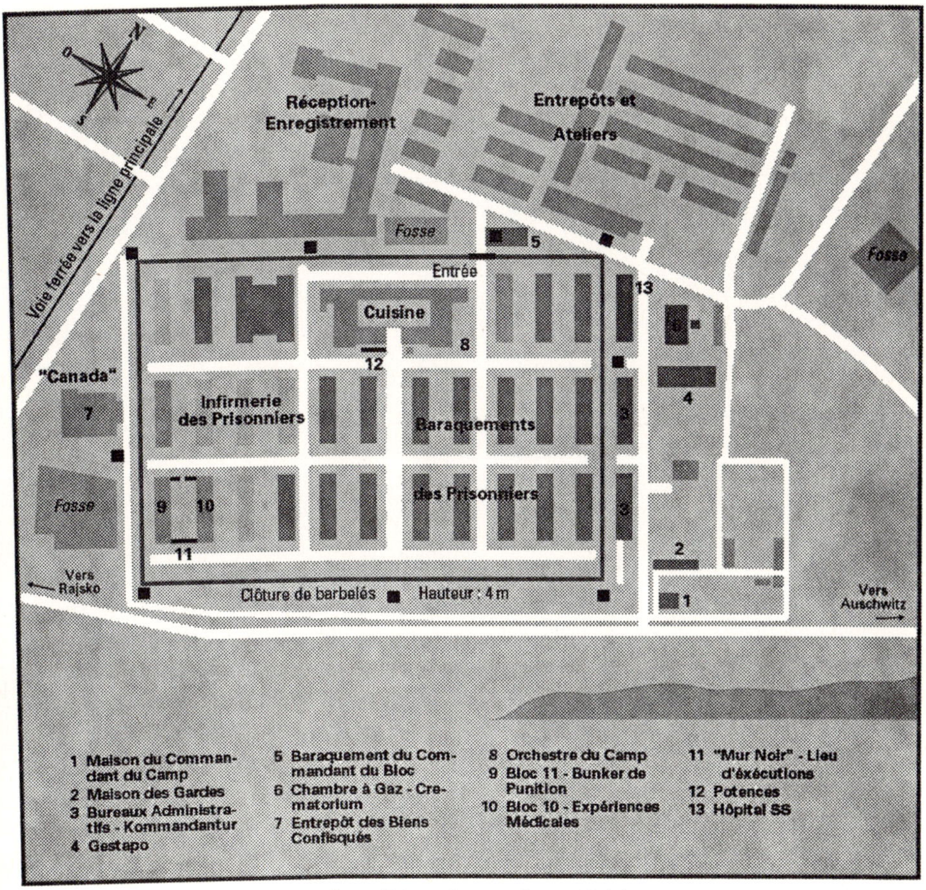

Plan d'Auschwitz I en 1944

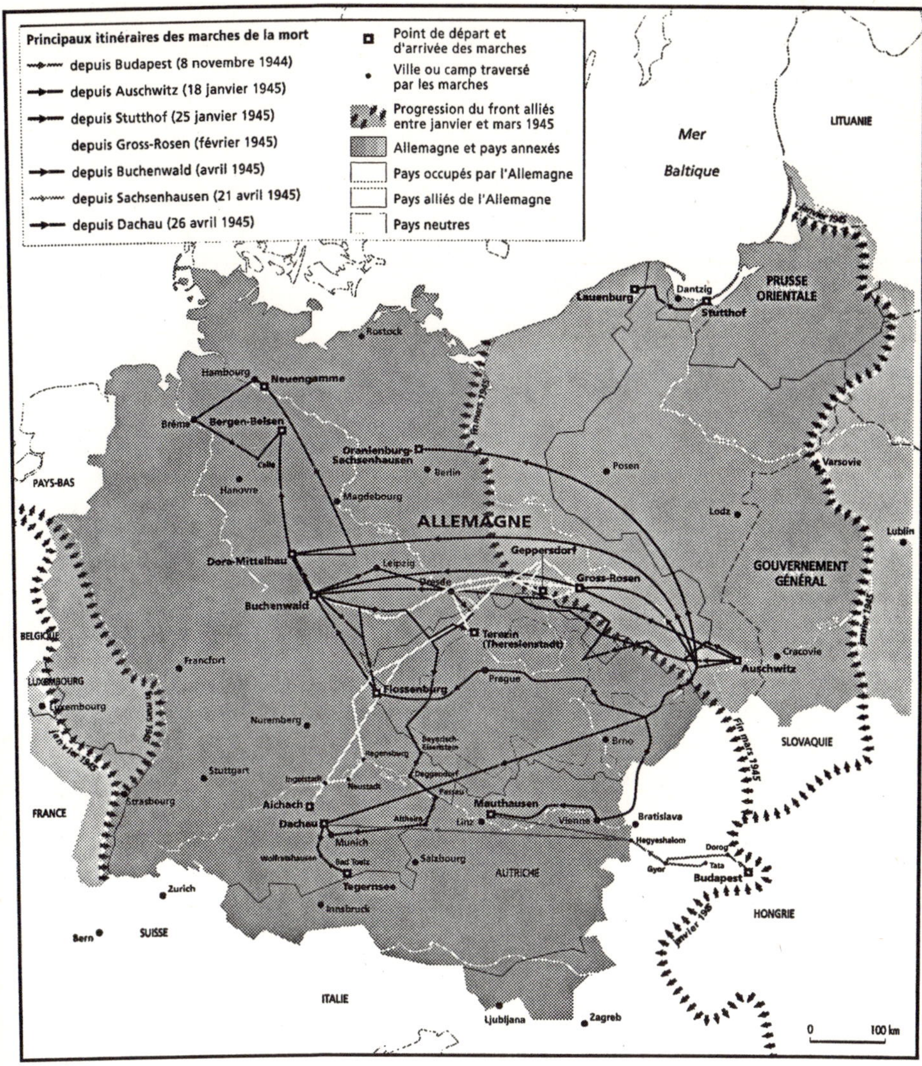

Principaux itinéraires des marches de la mort

Composition

PRESS·PROD

Impression réalisée par CPI
en mars 2020

Dépôt légal : Janvier 2020

N d'impression : 3038602
ISBN : 978-2-7499-4230-8
LAF : 2852